ZPW-2000A 型轨道电路应用丛书

ZPW-2000A 型轨道电路安装、维护与调整

阳　晋　杨轶轩　编著

中国铁道出版社有限公司

2019 年·北　京

内 容 简 介

本书从维护的角度出发对ZPW-2000A型轨道电路进行详细讲解，主要内容包括ZPW-2000A型轨道电路系统构成、室内设备操作、室外设备操作、智能诊断系统操作、系统维护、调整表的正确选用等。

本书可供从事ZPW-2000A型轨道电路设计人员、施工人员以及现场维护人员学习和参考。

图书在版编目（CIP）数据

ZPW-2000A型轨道电路安装、维护与调整 / 阳晋，杨铁轩编著. —北京：中国铁道出版社有限公司，2019.5
（ZPW-2000A型轨道电路应用丛书）
ISBN 978-7-113-26005-7

Ⅰ.①Z… Ⅱ.①阳… ②杨… Ⅲ.①轨道电路－安装 ②轨道电路－维修 ③轨道电路－调整 Ⅳ.①U284.2

中国版本图书馆CIP数据核字（2019）第131426号

书　　名： ZPW-2000A型轨道电路应用丛书
ZPW-2000A型轨道电路安装、维护与调整
作　　者： 阳　晋　杨铁轩

策　　划： 李嘉懿　崔忠文
责任编辑： 李嘉懿　**编辑部电话：** 010-51873147　**电子信箱：** ljy_jtu@163.com
封面设计： 崔　欣
责任校对： 苗　丹
责任印制： 高春晓

出版发行： 中国铁道出版社有限公司（100054，北京市西城区右安门西街8号）
网　　址： http://www.tdpress.com
印　　刷： 中国铁道出版社印刷厂
版　　次： 2019年5月第1版　2019年5月第1次印刷
开　　本： 880 mm×1 230 mm　1/32　印张：3.625　字数：86千
书　　号： ISBN 978-7-113-26005-7
定　　价： 25.00元

前　言

轨道电路是列车运行控制系统的重要安全基础装备，其利用钢轨作为导体构成电路系统，列车轮对与钢轨接触形成电气短路，通过接收端电气状态变化实现区段占用空闲检查，通过钢轨向车载设备传递控制信息，并实时实现对钢轨完整性的检查。

ZPW-2000A型轨道电路是在法国UM71型无绝缘移频自动闭塞系统技术引进、国产化的基础上，结合中国国情进行的技术再开发，具有完全自主知识产权。在传输安全性、传输长度、系统可靠性、可维修性以及技术性价比等方面都具有国际领先优势。2003年6月，铁道部明确ZPW-2000作为全路统一发展制式，2004年获得铁道部科技进步一等奖、2006年获得国家科技进步二等奖。2008年，完成适用于列控中心通信编码和无砟轨道线路的研究开发，开始全面应用于我国的高速铁路建设中，并在安全可靠性、环境适应性、可维护性等方面取得了显著的技术进步，为推动我国列控技术发展、打造中国高铁核心竞争力起到了重要作用。截至2018年底，ZPW-2000A型轨道电路在我国普速铁路应用已超过4万公里，在高速铁路应用已超过2.9万公里。

《ZPW-2000A型轨道电路应用丛书》共分为三册，由北京全路通信信号研究设计院集团有限公司的ZPW-2000A型轨道电路研发应用团队编写。该团队在十余年的科学研发与实际运用中，秉承

“从理论中来，到工程中去”的原则，主编或参编了多项轨道电路相关技术标准，解决了绝缘破损机车信号越区传输防护、动车组分路、列车轮对电弧灼伤钢轨、无砟道床适应性、枢纽地区多线并行干扰防护、雷电保护、智能预警报警诊断定位、轨旁设备自监测等一系列技术难题，填补了行业空白。在维修维护领域，该团队始终奋战在现场一线，解决了我国铁路系统中大量“看不见、摸不着”的难题。本丛书分别从工程设计与施工、维护与调整、故障分析与处理三个方面对ZPW-2000A型轨道电路的应用进行了阐述。希望本丛书可以帮助从事ZPW-2000A型轨道电路维护工作的相关专业技术人员全面掌握ZPW-2000A型轨道电路的设计、施工要领，维护与调整，故障处理的理念和技巧。

本书是《ZPW-2000A型轨道电路应用丛书》之一，第一、二、三章结合ZPW-2000A型轨道电路的整体结构组成，介绍设备的操作及相关要求；第四章智能诊断系统是近些年轨道电路系统的一个新产品，它丰富了智能维护的手段；第五章介绍ZPW-2000A型轨道电路维护内容、在线测试指标及方法；第六章调整部分总结了目前轨道电路调整原则和类型，力争使广大读者能够准确应用调整表。本书可供从事ZPW-2000A型轨道电路设计人员、施工人员及现场维护人员学习参考。

本书由阳晋、杨轶轩编著。第一章、第五章、第六章由阳晋编写；第二章、第三章由杨轶轩编写；第四章由殷惠媛编写。

在编写过程中，得到赵自信教授的悉心指导和公司各级领导的大力支持，在此表示衷心的感谢和诚挚的敬意。

由于时间紧、能力所限，错误、疏漏之处难以避免，敬请读者提出宝贵修改意见！

编　者

2019年3月

目 录

第一章　ZPW-2000A 型轨道电路系统构成

ZPW-2000A型无绝缘轨道电路是我国在法国UM71无绝缘轨道电路技术引进及国产化基础上，结合我国国情进行提高系统安全性、系统传输性能及系统可靠性的技术再开发。2000年，针对当时我国无绝缘轨道电路传输距离短、不适应低道床区段、不具备调谐区死区和短轨检查功能等问题，以及为了进一步降低工程造价，我国决定研制ZPW-2000A型轨道电路。ZPW-2000A型轨道电路的研究方案获得了原铁道部运输局、科技司的充分肯定，并于2002年5月28日，通过原铁道部科技司的技术鉴定。

目前，ZPW-2000A型无绝缘轨道电路已装备我国2.9万 km高速铁路和4万 km普速铁路，有力地保证了我国铁路安全、高效的运营。

第一节　ZPW-2000A 型轨道电路系统结构

一、区间轨道电路系统结构

电气绝缘节—电气绝缘节轨道电路系统结构如图1-1所示。

机械绝缘节—电气绝缘节轨道电路系统结构如图1-2所示。

二、站内轨道电路系统结构

机械绝缘节—机械绝缘节轨道电路系统结构如图1-3所示。

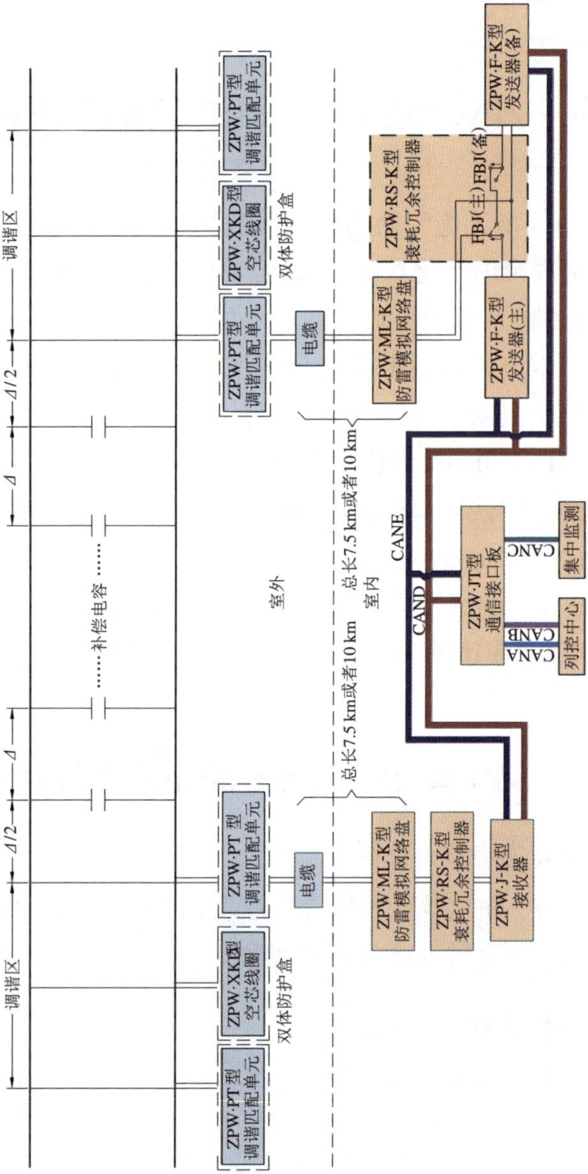

图1-1 区间电气绝缘节—电气绝缘节轨道电路系统结构

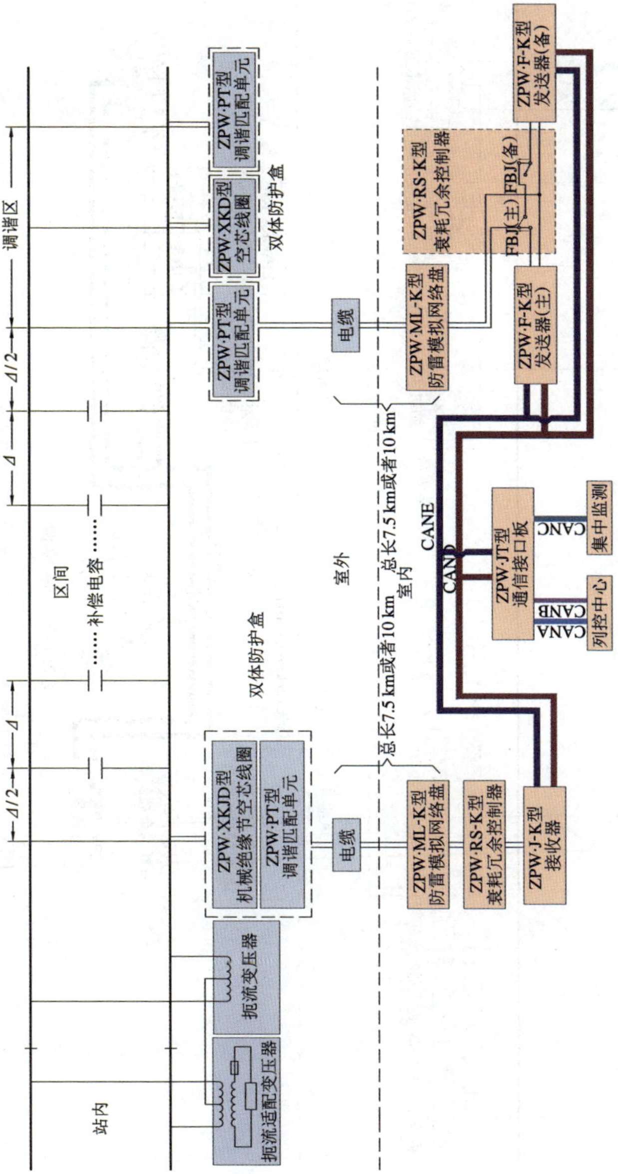

图1-2 区间机械绝缘节—电气绝缘节轨道电路系统结构

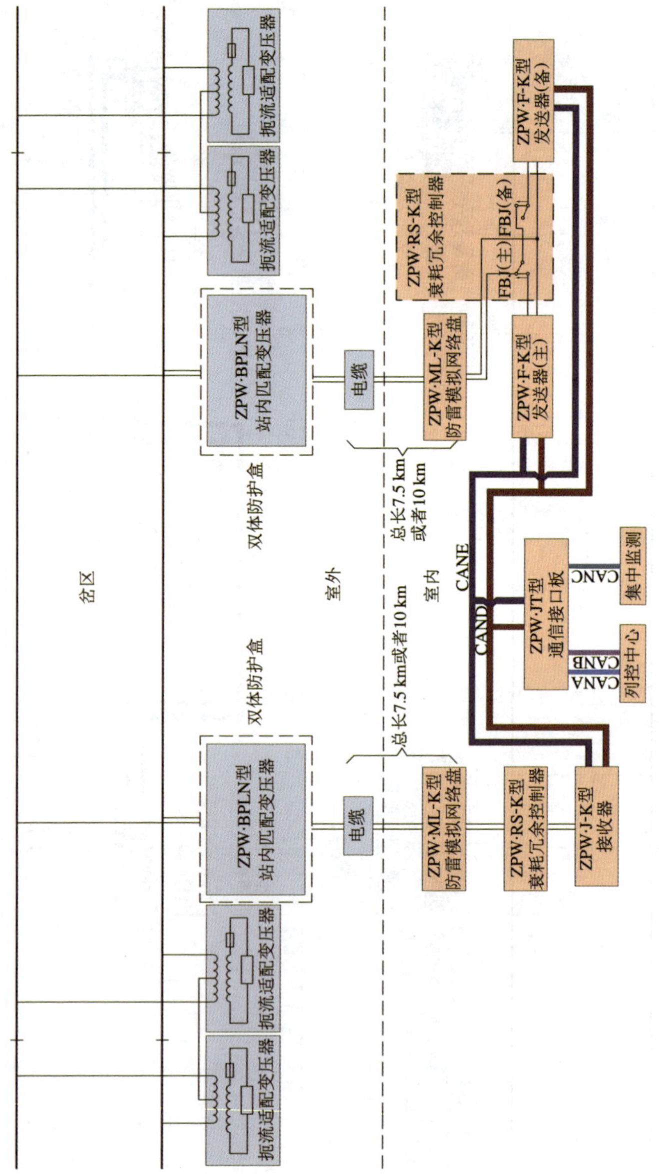

图1-3 站内机械绝缘节一机械绝缘节轨道电路系统结构

第二节　区间轨道电路设备构成

一、室内部分

室内设备包括发送器、接收器、单频衰耗冗余控制器、防雷模拟网络盘。

（一）发送器

发送器用于产生高精度、高稳定的移频信号源，采用双机热备冗余方式。

（1）产生18种低频、8种载频的高精度、高稳定的移频信号；

（2）产生足够功率的移频信号；

（3）对移频信号进行自检测，故障时向监测维护主机发出报警信息。

1. 工作原理

发送器内部采用双套相互独立的CPU处理单元。同一载频、低频编码条件源，以反码的形式分别通过互为冗余的两条CAND、CANE总线送至CPU1及CPU2。CPU1控制“移频发生器”产生移频信号，移频信号分别送至CPU1及CPU2进行频率检测。频率检测结果符合规定后，控制输出信号，经“控制与门”使移频信号送至“滤波”环节，实现方波—正弦变换。“功放”输出的移频信号送至CPU1及CPU2，进行功出电压检测。CPU1及CPU2对移频信号进行低频、载频、幅度特征检测符合要求后，驱动“安全与门”电路使发送报警继电器吸起，并使经过“功放”放大的移频信号输出至轨道。当发送端短路时，经检测使“控制与门”有10 s的关闭（休眠保护）。原理如图1-4所示。

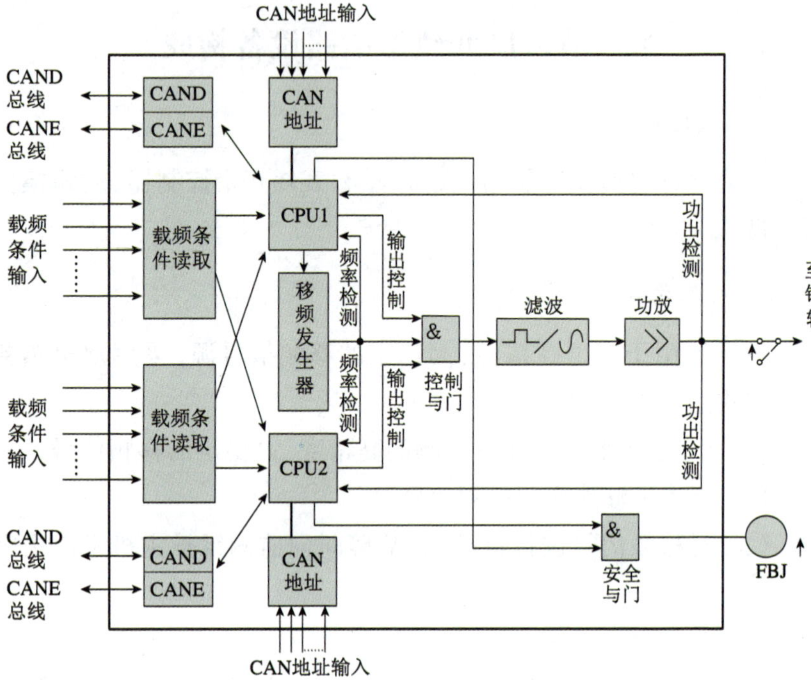

图1-4　发送器原理

2. 发送器外线连接

发送器对外连接线包括发送器工作电源、CAN地址条件、载频编码条件、CAND总线、CANE总线、发送报警继电器吸起接点回采、电平级调整端子、功放输出、发送报警继电器输出，如图1-5所示。

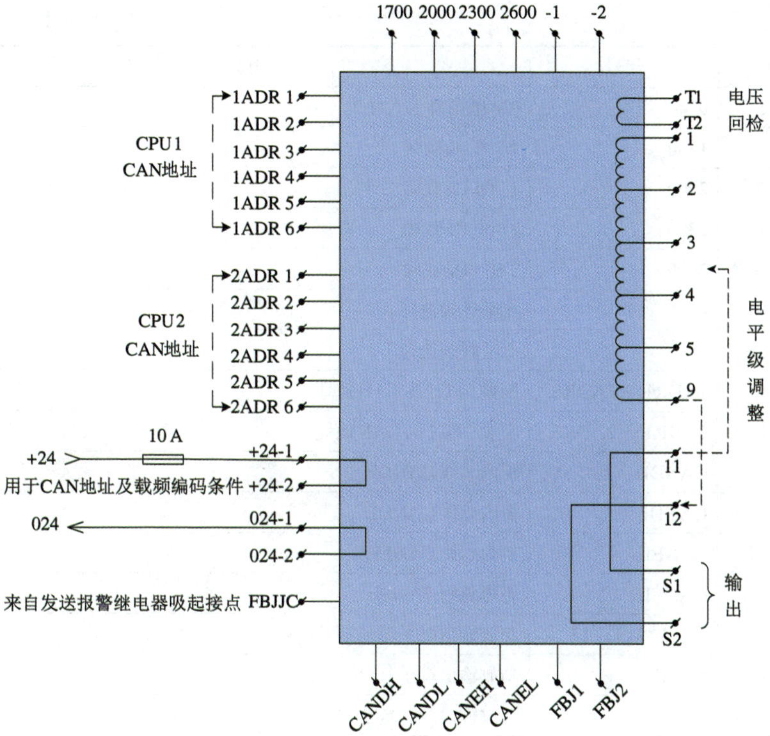

图1-5　发送器外线连接示意图

3. 发送器端子定义及用途

发送器外部端子定义及用途见表1-1。

表1-1　发送器外部端子定义及用途

序号	代号	用途
1	D	地线
2	+24-1	+24电源外引入线1
		接至冗余控制器电源端子ZFS+24或BFS+24
3	+24-2	+24电源外引入线2
		用于CAN地址条件及载频编码条件
4	024-1	024电源外引入线1
		接至冗余控制器电源端子ZFS 024或BFS 024

续上表

序号	代号	用途
5	024-2	024电源外引入线2
6	1700	1 700 Hz载频
7	2000	2 000 Hz载频
8	2300	2 300 Hz载频
9	2600	2 600 Hz载频
10	-1	-1型载频选择
11	-2	-2型载频选择
12	1ADR1 ～1ADR6	配置CPU1的CAN地址
13	2ADR1 ～2ADR6	配置CPU2的CAN地址
14	CANDH	柜内总线CANDH
15	CANDL	柜内总线CANDL
16	CANEH	柜内总线CANEH
17	CANEL	柜内总线CANEL
18	1 ～5、9、11、12	功放输出电平调整端子
19	S1、S2	功放输出端子
20	T1、T2	功放输出测试端子
21	FBJ1、FBJ2	发送报警继电器输出线，接至冗余控制器ZFBJ1、ZFBJ2或BFBJ1、BFBJ2
22	FBJJC	发送报警继电器吸起接点回采，接自冗余控制器的ZFBJJC或BFBJJC（发送报警继电器吸起时有+24 V电平，落下时没有+24 V电平）

4. 发送器插座板底

发送器插座板底视图如图1-6所示。

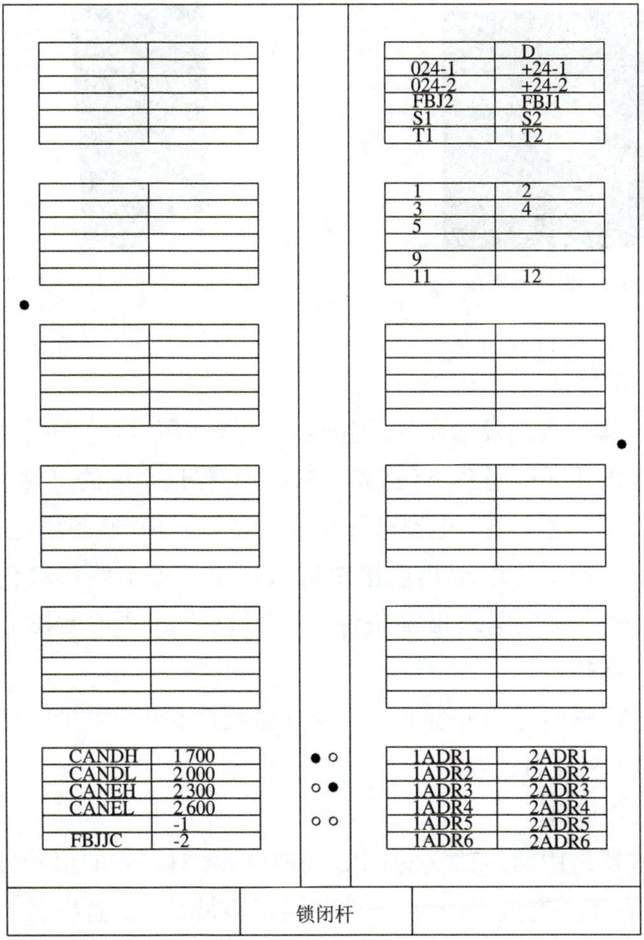

图1-6　发送器插座板底视图

5. 发送器面板

每个发送器设一个工作表示灯，发送器工作正常时亮绿灯，故障时亮红灯。图1-7所示为发送器面板，图1-8所示为发送器正面视图。

图1-7 发送器面板

图1-8 发送器正面视图

（二）接收器

接收器输入端及输出端均按双机并联运用设计，与另一台接收器构成双机并联运用系统（或称0.5+0.5），保证系统的可靠工作。

（1）用于对主轨道电路移频信号的解调，动作轨道继电器。

（2）实现与受电端相连接调谐区短小轨道电路移频信号的解调，给出短小轨道电路报警条件，并通过CAND及CANE总线送至监测维护终端。

（3）检查轨道电路完好，减少分路死区长度，用接收门限控制实现对BA断线的检查。

1.工作原理

接收器采用两路独立的CPU处理单元，对输入的信号分别进行解调分析，满足继电器吸起条件时输出方波信号，输出至安全与门电路。与另一台接收器的安全与门输出共同经过隔离电路，动作轨道继电器。

A/D为模数转换器，将输入的模拟信号转换成计算机能处理的数字信号。

载频条件读取电路设定主机、并机载频条件，由CPU进行判决，确定接收器的接收频率。

同一载频、低频编码条件源，以反码的形式分别通过CAND、

CANE总线送至CPU1及CPU2。CPU1、CPU2根据确定的载频编码条件，通过各自识别、通信、比较确认一致，视为正常，不一致时，视为故障并报警。外部送进来的信号，分别经过主机、并机两路模数转换器转换成数字信号。CPU1、CPU2对外部信号进行单独的运算，判决处理。表明接收信号符合幅度、载频、低频要求时，就输出3 kHz的方波，驱动安全与门电路。安全与门电路收到两路方波后，转换成直流电压驱动继电器。如果CPU1、CPU2的结果不一致，安全与门输出不能构成，则同时报警。电路中增加了安全与门的反馈检查，如果CPU1、CPU2有动态输出，那么安全与门就应该有直流输出，否则就认为安全与门故障，接收器进行报警。如果接收器接收到的信号电压过低，则判为列车分路。

安全与门电路将CPU1、CPU2输出的动态信号变成直流输出，驱动继电器（或执行条件）。如图1-9所示。

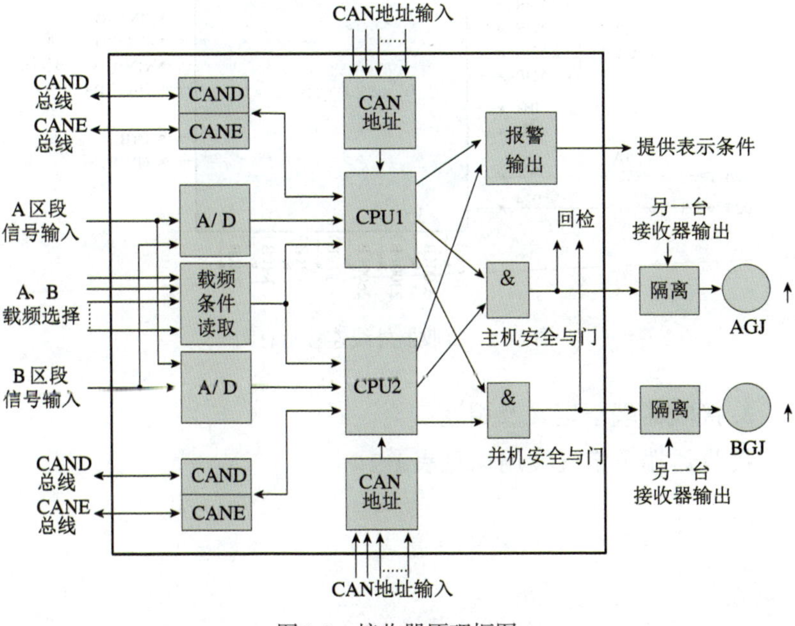

图1-9　接收器原理框图

2.接收器外线连接

接收器对外连接线包括接收器工作电源、CAN地址条件、载频编码条件、小轨道类型编码条件、CAND总线、CANE总线、主轨道(主机)信号输入、小轨道(主机)信号输入、主轨道(并机)信号输入、小轨道(并机)信号输入、轨道继电器(主机)输出、轨道继电器(并机)输出、接收器报警条件输出。如图1-10所示。

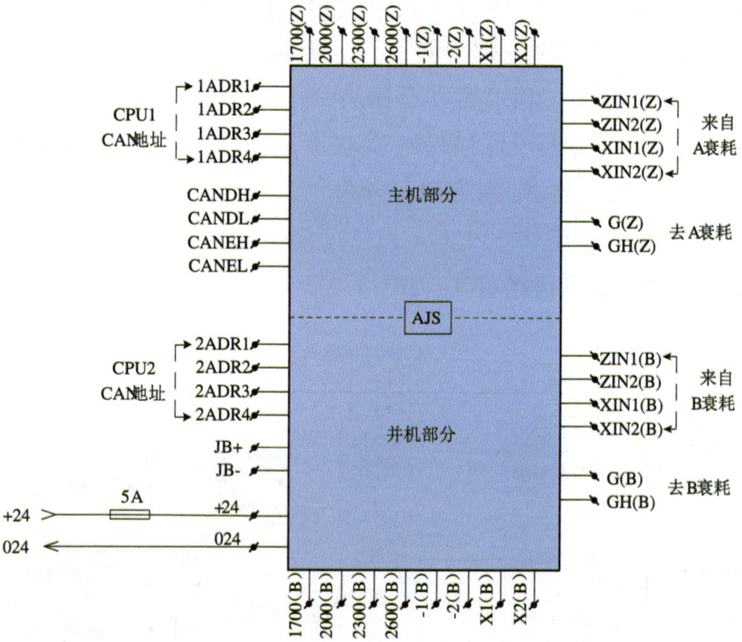

图1-10 接收器外线连接示意图

3.接收器端子定义及用途

接收器端子定义及用途见表1-2。

表1-2　接收器端子定义及用途

序号	代号	用途
1	D	地线
2	+24	+24电源外引入线
3	024	024电源外引入线
4	(+24)	+24电源(由设备内部给出,用于CAN地址、载频、载频类型选择)
5	(024)	024电源(由设备内部给出)
6	CANDH	柜内总线CANDH
7	CANDL	柜内总线CANDL
8	CANEH	柜内总线CANEH
9	CANEL	柜内总线CANEL
10	JB+、JB-	接收器故障报警条件
11	1700(Z)	主机1 700 Hz载频
12	2000(Z)	主机2 000 Hz载频
13	2300(Z)	主机2 300 Hz载频
14	2600(Z)	主机2 600 Hz载频
15	-1(Z)	主机-1型载频选择
16	-2(Z)	主机-2型载频选择
17	1ADR1～1ADR4	配置CPU1的CAN地址
18	ZIN1(Z)、ZIN2(Z)	主机轨道信号输入
19	G(Z)、GH(Z)	主机轨道继电器输出
20	1 700(B)	并机1 700 Hz载频
21	2 000(B)	并机2 000 Hz载频
22	2 300(B)	并机2 300 Hz载频
23	2 600(B)	并机2 600 Hz载频
24	-1(B)	并机-1型载频选择
25	-2(B)	并机-2型载频选择
26	2ADR1～2ADR4	配置CPU2的CAN地址
27	ZIN1(B)、ZIN2(B)	并机轨道信号输入
28	G(B)、GH(B)	并机轨道继电器输出

4. 接收器插座板底

接收器插座板底视图如图1-11所示。

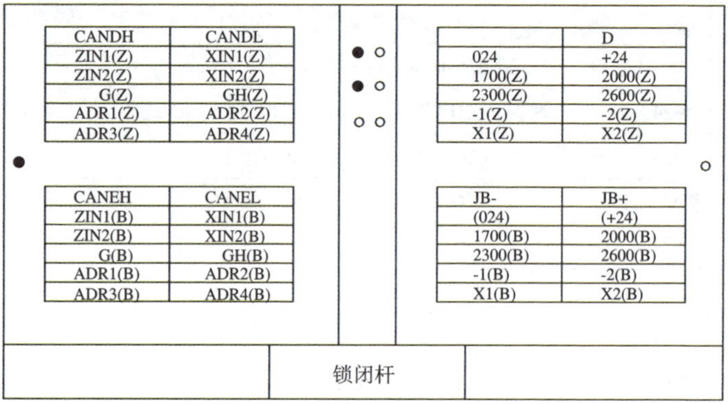

图1-11　接收器插座板底视图

5. 接收器面板

每个接收器设一个工作表示灯，接收器工作正常时亮绿灯，故障时亮红灯。图1-12所示为接收器面板，图1-13所示为接收器正面视图。

图1-12　接收器面板

图1-13　接收器正面视图

（三）单频衰耗冗余控制器

冗余控制器内部有正方向继电器复示及反方向继电器复示、主发送报警继电器及备发送报警继电器。面板上有主发送工作灯、备发送工作灯，接收工作灯、轨道表示灯、正向指示灯及反向指示灯。测试塞孔包括主发送电源、备发送电源、主发送报警、备发送报警、功出电压、功出电流、接收电源、主机轨道继电器、并机轨道继电器、轨道继电器、轨道信号输入、主轨道信号输出、小轨道信号输出。其主要功能如下：

（1）实现单载频区段主轨道电路调整；

（2）实现单载频区段小轨道电路调整（含正向调整及反向调整）；

（3）实现总功出电压切换（来自主发送器功出还是来自备发送器功出）；

（4）主发送器、备发送器发送报警条件的回采。

1. 主轨道输入电路

主轨道信号V1、V2经变压器B1输入。变压器B1匝数比为116（1～146）。次级通过变压器抽头连接，可构成1～146级变化。按轨道电路调整参考表调整接收器电平，调整端子为J2-6～J2-17。

2. 小轨道输入电路

根据方向电路变化，接收端将接至不同的两端短小轨道电路。故短小轨道电路的调整按正、反方向进行。正方向调整用Z2～Z11（J3-1～J3-11）端子，反方向调整用F2～F11（J3-12～J3-22）端子。负载阻抗为3.3 kΩ，为提高A/D模数转换器的采样精度，短小轨道信号经过1∶3升压变压器B2输出至接收器。电路原理如图1-14所示。

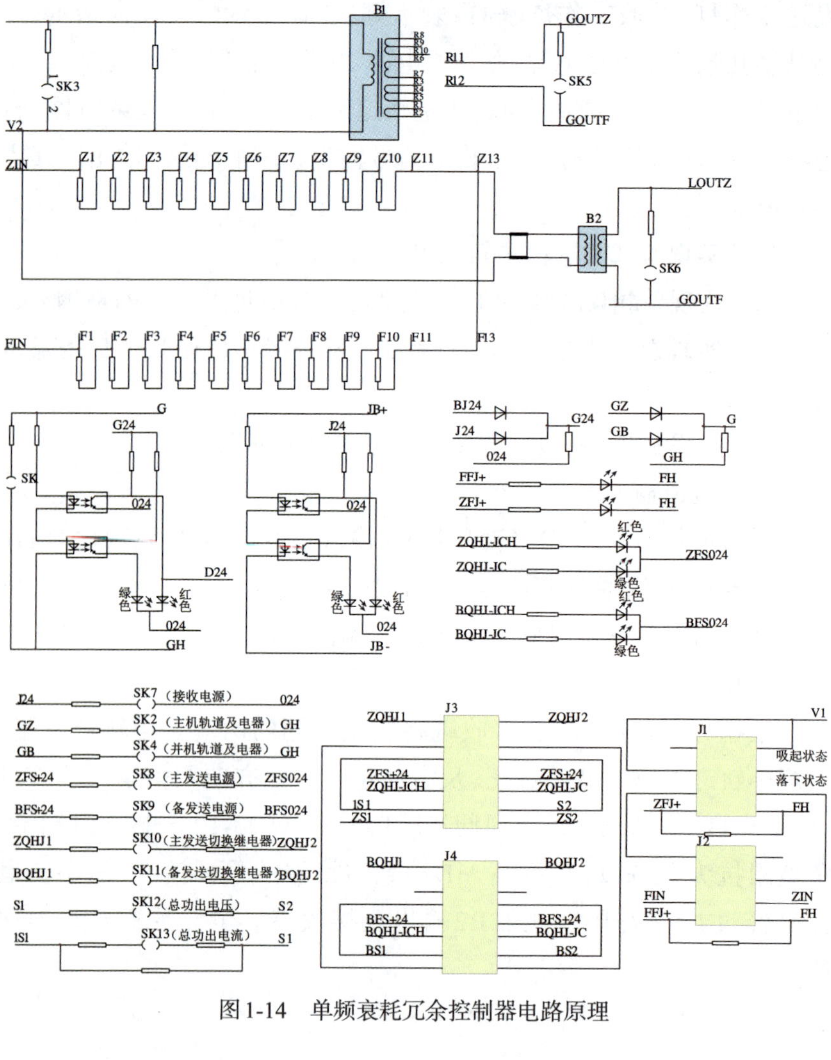

图1-14　单频衰耗冗余控制器电路原理

3. 单频衰耗冗余控制器端子定义及用途（表1-3）

表1-3　单频衰耗冗余控制器端子定义及用途

序号	代号	含义	用途
1	J1-1、J1-2	ZIN1（Z）、ZIN2（Z）	主轨道信号调整后输出至接收器主机
2	J1-3、J1-4	ZIN1（B）、ZIN2（B）	主轨道信号调整后输出至接收器并机
3	J1-5、J1-6	XIN1（Z）、XIN2（Z）	小轨道信号调整后输出至接收器主机
4	J1-7、J1-8	XIN1（B）、XIN2（B）	小轨道信号调整后输出至接收器并机
5	J1-9、J1-10	G（Z）、GH（Z）	接收器主机轨道继电器输出
6	J1-11、J1-12	G（B）、GH（B）	接收器并机轨道继电器输出
7	J1-13、J1-14	G、GH	轨道继电器输出
8	J2-1、J2-2	V1、V2	轨道信号输入
9	J2-3、J2-5	ZFJ+、FH	正方向继电器复示
10	J2-4、J2-5	FFJ+、FH	反方向继电器复示
11	J2-6～J2-17	R1～R12	主轨道电平调整
12	J2-18	FBJJC（Z）	主发送器报警继电器吸起条件回采至主发送器
13	J2-19	FBJJC（B）	备发送器报警继电器吸起条件回采至备发送器
14	J3-1～J3-11	Z1～Z11	正向小轨道电平调整
15	J3-12～J3-22	F1～F11	反向小轨道电平调整
16	J3-23	D24	封轨道占用灯
17	J3-22、J4-3	024	接收器用024电源
18	J4-1、J4-2	JB+、JB-	接收器报警条件
19	J4-4	J24	接收器主机24 V电源输入
20	J4-5	BJ24	接收器并机24 V电源输入
21	J4-6	G24	引出的公共+24 V电源
22	J4-7、J4-8	FS+24（Z）、FS024（Z）	来自主发送器24 V电源
23	J4-9、J4-10	FS+24（B）、FS024（B）	来自备发送器24 V电源
24	J4-11、J4-12	FBJ+（Z）、FBJ–（Z）	来自主发送器报警继电器输出
25	J4-13、J4-14	FBJ+（B）、FBJ–（B）	来自备发送器报警继电器输出
26	J4-15、J4-16	S1（Z）、S2（Z）	来自主发送器功出
27	J4-17、J4-18	S1（B）、S2（B）	来自备发送器功出
28	J4-19、J4-20	S1、S2	总功出输出

4. 单频衰耗冗余控制器插座板底（图1-15）

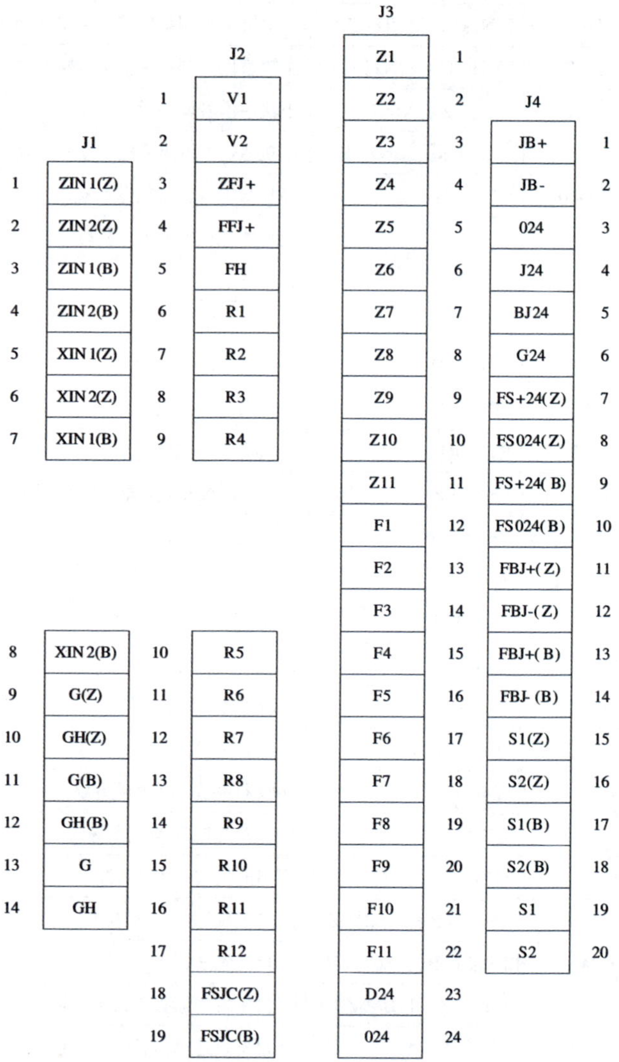

图1-15　单频衰耗冗余控制器插座板底视图

5. 单频衰耗冗余控制器面板（图 1-16）

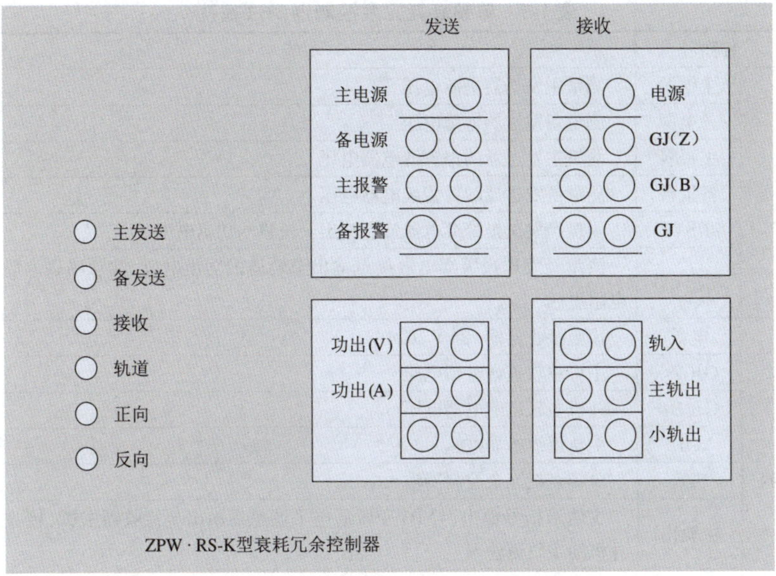

图 1-16　单频衰耗冗余控制器面板

6. 表示灯（表 1-4）

表 1-4　单频衰耗冗余控制器表示灯含义

名称	状态
主发送	主发送报警继电器吸起时亮绿灯，主发送报警继电器落下时亮红灯。如果主发送报警继电器既不吸起也不落下时，不亮灯
备发送	备发送报警继电器吸起时亮绿灯，备发送报警继电器落下时亮红灯。如果备发送报警继电器既不吸起也不落下时，不亮灯
接收	通过输入接收器的 JB+、JB- 条件构成
轨道	轨道占用时，通过“光耦 1”的受光器关闭，使“轨道占用灯”点红灯；当轨道空闲时，“光耦 1”及“光耦 2”的受光器均打开，“轨道空闲灯”点绿灯
正向	正方向指示灯，正方向时亮灯，反方向时灭灯
反向	反方向指示灯，反方向时亮灯，正方向时灭灯

7. 测试塞孔（表1-5）

表1-5 单频衰耗冗余控制器测试塞孔

名称		功能
发送	主电源	测量主发送器电源电压
	备电源	测量备发送器电源电压
	主报警	测量主发送器的报警继电器电压
	备报警	测量备发送器的报警继电器电压
	功出(V)	测量经发送报警继电器接点输出至轨道的功出电压
	功出(A)	测量经发送报警继电器接点输出至轨道的功出电流，测量串联的取样电阻电压
接收	电源	接至接收器的+24 V、024 V
	GJ（Z）	主机主轨道继电器电压
	GJ（B）	并机主轨道继电器电压
	GJ	主轨道继电器电压
	轨入	单频衰耗冗余控制器输入电压
	主轨出	主轨道信号输出，经B1变压器电平调整后输出至接收器主机、接收器并机的主轨道输入
	小轨出	小轨道信号输出，经调整电阻调整后，通过B2变压器升压后输出至接收器主机、接收器并机的小轨道输入

（四）防雷模拟网络盘

防雷模拟网络盘的功能如下：

（1）对通过传输电缆引入室内雷电冲击的防护（横向、纵向）；

（2）通过0.25 km、0.5 km、1 km、2 km、2 km、2×2 km电缆模拟网络，补偿实际SPT数字信号电缆；

（3）便于轨道电路调整。

1. 工作原理

模拟一定长度电缆传输特性，与真实电缆共同构成一个固定极限长度，由0.25 km、0.5 km、1 km、2 km、2 km、4 km共六节组成，通过串联连接，可以构成10 km以内的间隔为0.25 km的40种长度。使所有轨道电路不需要根据所在位置和运行方向改变配置，原理如图1-17所示。

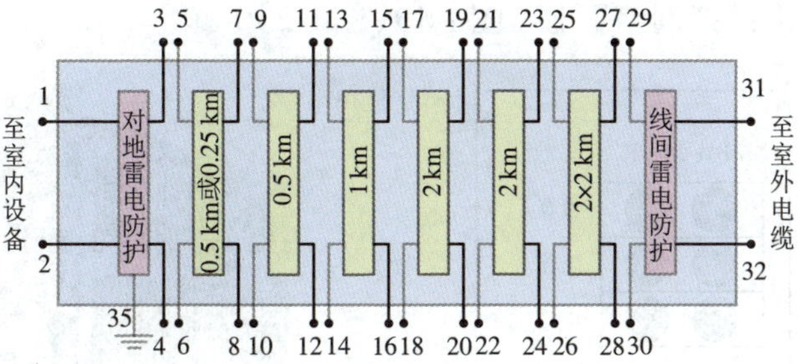

图1-17 模拟网络电路原理

2. 防雷模拟网络端子定义（表1-6）

表1-6 防雷模拟网络端子定义

序号	代号	用途
1	1、2	设备侧接线端子，防雷变压器初级
2	3、4	防雷变压器次级
3	5～30	0.25 km、0.5 km、1 km、2 km、2 km、2×2 km电缆模拟网络接线端子
4	31、32	电缆侧接线端子
5	35	防雷变压器接地端

3. 防雷模拟网络插座板（图1-18）

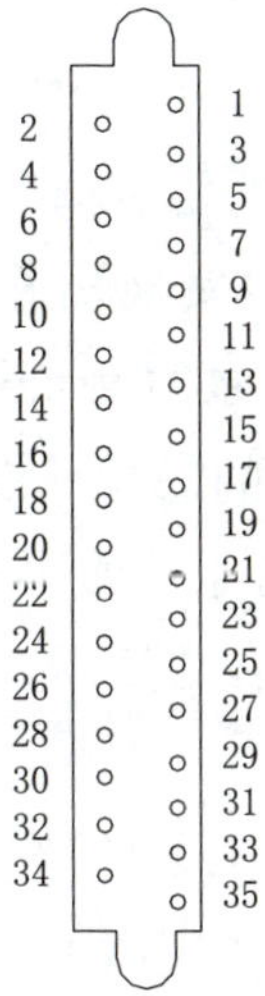

图1-18 防雷模拟网络插座板底视图

4. 防雷模拟网络面板（图 1-19、图 1-20）

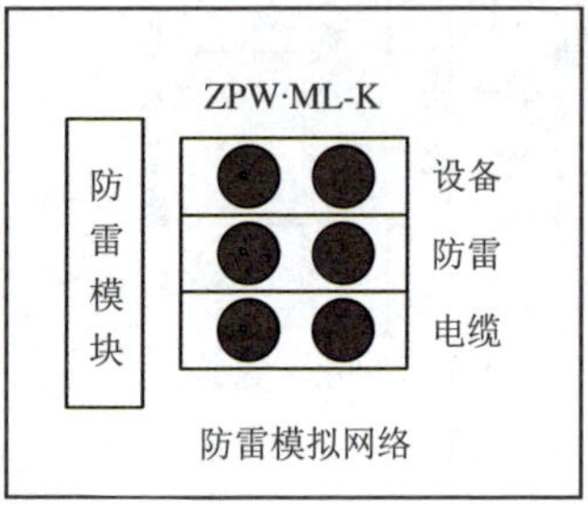

图 1-19　防雷模拟网络面板

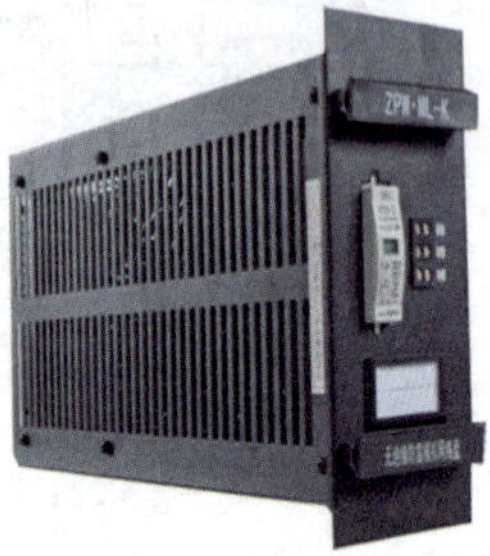

图 1-20　防雷模拟网络正面视图

二、室外部分

室外主要包括调谐匹配单元、空芯线圈、机械绝缘节空芯线圈、站内匹配单元、补偿电容、可带适配器的扼流变压器、适配器等设备。

1. 调谐匹配单元（PT）

调谐匹配单元用于轨道电路的电气绝缘节和机械绝缘节处，调谐部分形成相邻区段载频的短路，且与调谐区内钢轨电感（或机械绝缘节处的机械绝缘节扼流空芯线圈）形成并联谐振，实现相邻区段信号的隔离和本区段信号的稳定输出。匹配部分主要作用实现钢轨阻抗和电缆阻抗的连接，以实现轨道电路信号的有效传输。调谐匹配单元可以简单地看作是原ZPW-2000A型轨道电路中调谐单元（BA）和匹配变压器（TAD）的二合一设备。共分为四种型号，根据本区段的载频频率选用，设备原理如图 1-21 所示。

调谐匹配单元外形如图 1-22 所示。

图 1-21 中：

（1）V1、V2、V3、E1、E2 为瓷柱端子。E1、E2 连接电缆，V1、V2 为匹配单元的测试端子，在运用中 V1 与 V3 采用铜片连接。

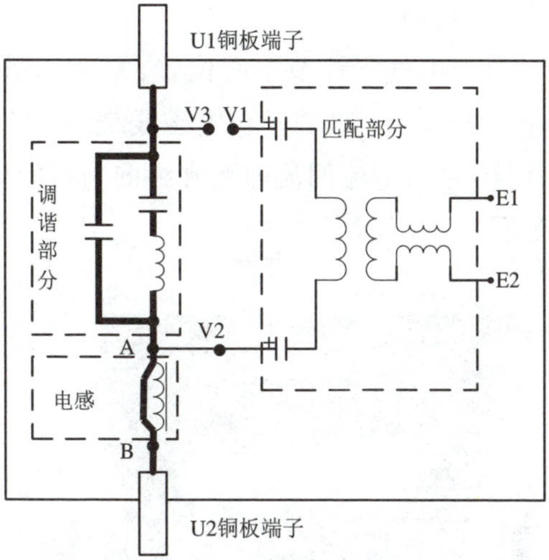

图1-21 调谐匹配单元原理

（2）A、B为ϕ4 mm螺母，该设备用于机械绝缘节处时，必须拆除A、B间铜引接片；该设备用于电气绝缘节处时，必须使用铜引接片将A、B间连接。

注：设备出厂时，A、B间使用铜引接片连接。

（3）U1、U2为盒体外方的铜连接板，与既有调谐单元连接板一致。用于与其他设备或钢轨的连接。

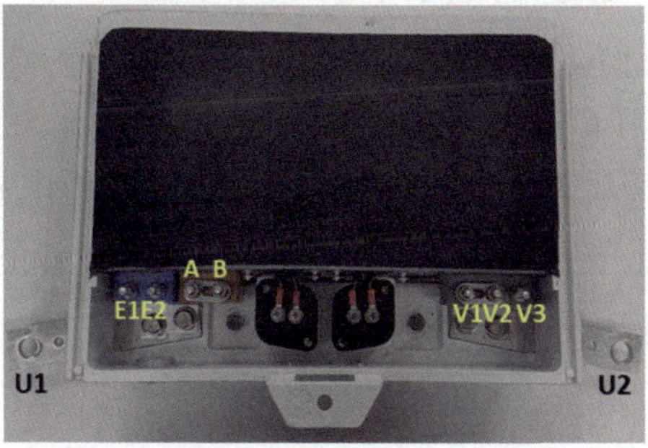

图1-22 调谐匹配单元

2. 空芯线圈（XKD）

空芯线圈设置于电气绝缘节中心位置，平衡牵引电流和稳定调谐区阻抗的作用，由50 mm^2玻璃丝包电磁线绕制。线圈中点可以作为钢轨的横向连接、牵引电流回流连接和纵向防雷的接地连接使用。空芯线圈外形如图1-23所示。

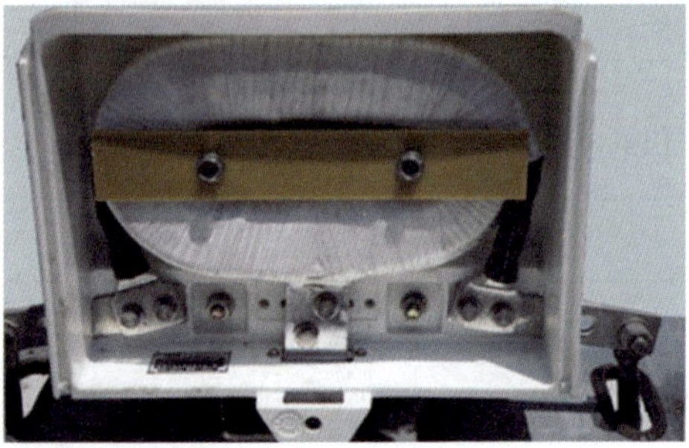

图1-23　空芯线圈

3. 机械绝缘节空芯线圈（XKJD）

机械绝缘节空芯线圈用于进出站口处，该设备与调谐匹配单元形成并联谐振，使机械绝缘节电气参数与电气绝缘节等效，从而使含有机械绝缘节的轨道电路区段与双端均为电气绝缘节区段达到等长传输距离。由整体扁钢板绕制，线圈中点可以作为钢轨的横向连接、与相邻区段扼流中心点连接和纵向防雷的接地连接使用。

4. 补偿电容（CBGM）

补偿电容是为了补偿因轨道电路过长，钢轨电感的感抗所产生的无功功率损耗，改善轨道电路在钢轨上的传输性能。

5. 空扼流变压器（型号：BE-1000/ZPW）

应用于区间ZPW-2000A型无绝缘轨道电路区段需要将牵引回流线或保护线引入钢轨的地方，及其上下行线路间横向连接线的地方。

为了降低该设备的引入对区间ZPW-2000A型无绝缘轨道电路

的影响，其对于轨道电路信号的阻抗，在不大于规定的不平衡牵引电流条件下，其移频阻抗不小于17 Ω。

第三节　站内一体化轨道电路设备构成

一、室内部分

同区间设备。

二、室外部分

1. 站内匹配单元（BPLN）

站内匹配单元用于站内机械绝缘节分割的股道、咽喉区的无岔和道岔区段以及其他双端为机械绝缘节的轨道电路的发送和接收端，主要完成钢轨阻抗和电缆阻抗的连接，以实现轨道电路信号的有效传输。

该匹配单元中匹配变压器变比可调，根据站内道岔布置和载频信号的频率，依据调整表进行设置。V1、V2连接轨道侧，E1、E2连接电缆，如图1-24、图1-25所示。

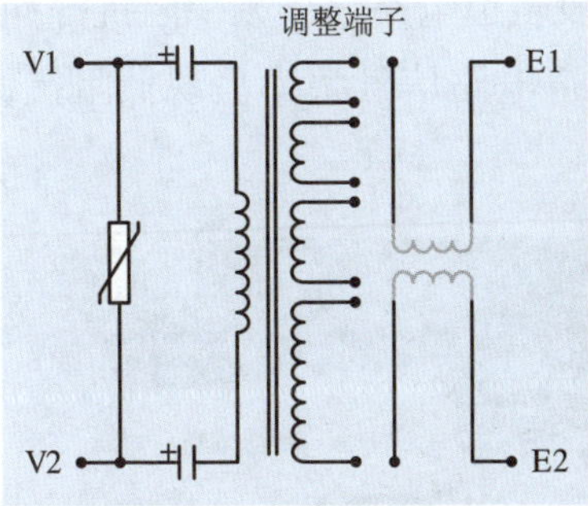

图1-24　站内匹配单元原理图

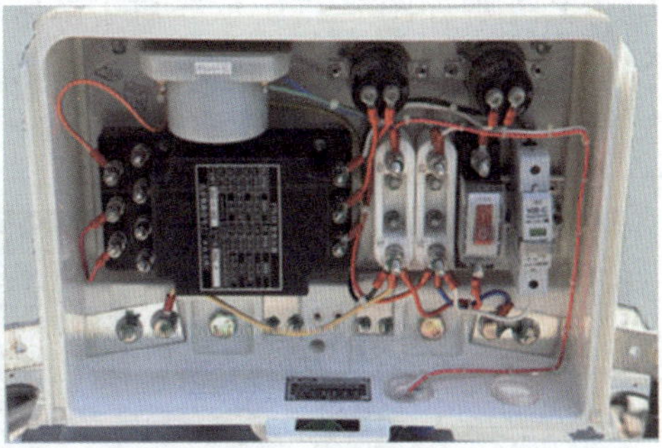

图1-25　站内匹配单元

2. 补偿电容（CBGM）

补偿电容是为了补偿因轨道电路过长，钢轨电感的感抗所产生的无功功率损耗，改善轨道电路在钢轨上的传输性能。

3. 带适配器的扼流变压器（BES-1000/ZPW）

应用于站内ZPW-2000A型轨道电路及其需要设置空扼流变压器导通牵引电流的无岔分支末端，其作用一是降低不平衡牵引电流在扼流变压器两端产生的50 Hz电压，使其不大于2.4 V；二是导通钢轨内的牵引电流，使其畅通无阻，其外观如图1-26所示。

为了降低该设备的引入对站内ZPW-2000A轨道电路的影响，其对于轨道电路信号的阻抗，在不大于规定的不平衡牵引电流条件下，其移频阻抗不小于17 Ω。

4. 适配器

与扼流变压器配套使用，为了确保带适配器的扼流变压器对牵引电流50 Hz信号呈现较低的阻抗，使其在最大的不平衡牵引电流条件下，其在扼流变压器上产生的50 Hz电压不大于2.4 V；而对于轨道电路的移频信号呈现较高阻抗，在规定的使用条件下不小于17 Ω。

5. 调谐补偿单元（TB）

应用于轨道电路区段送、受端第一个补偿电容处，代替原补偿电容其外观如图1-27所示。对于本区段轨道电路信号频率阻抗等同25 μF补偿电容，对于前后相邻区段轨道电路信号频率呈现低阻抗，等同短路，用于降低临线干扰量值。

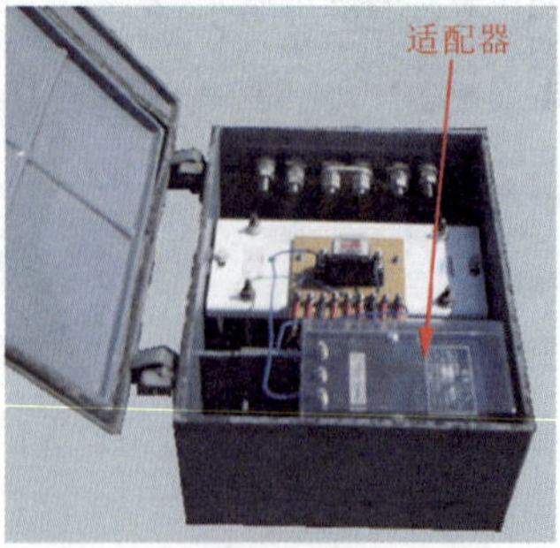

图1-26　带适配器的扼流变压器

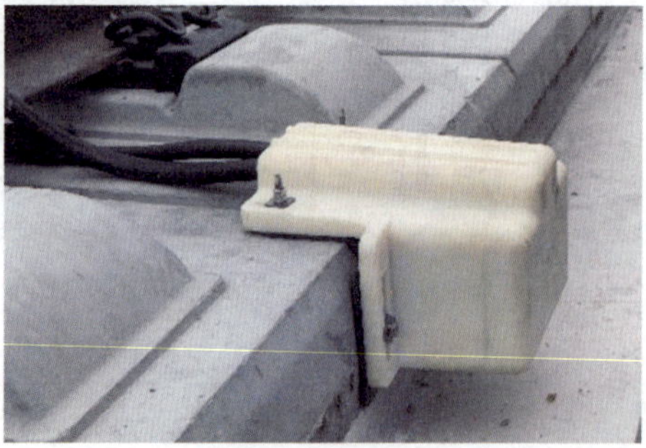
图1-27　调谐补偿单元

第二章　室内设备操作

第一节　室内设备组装流程及说明

所有设备组装、拆解及线缆的插拔之前均应先切断电源，禁止带电作业。室内各设备组装流程如图2-1所示。

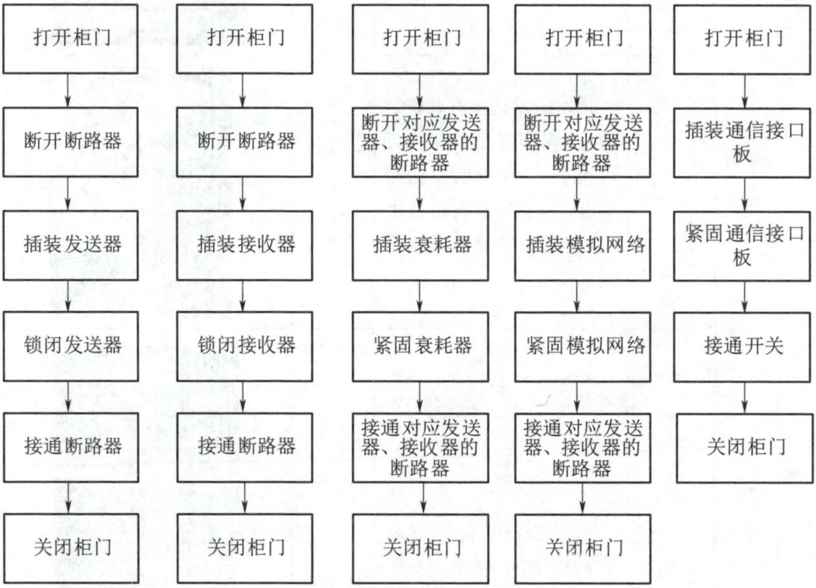

图2-1　室内设备组装流程

1. 发送器组装步骤（表2-1）

表2-1 发送器组装步骤

序号	组装步骤	安全防护措施	组装过程	所使用的工具	示意图
1	打开柜门	未应用	向上拨动柜门开关，门把手自动向外弹出，逆时针旋转门把手90°，向外拉	无	见图2-2～图2-6。
2	断开断路器	未应用	拨动断路器闸刀到下方位置	无	
3	插装发送器	未应用	将发送器底座对准安装槽位，保证发送器铭牌可以正视，一手托着发送器下部，一手扶着发送器上端，将发送器插入槽至稳定不动	无	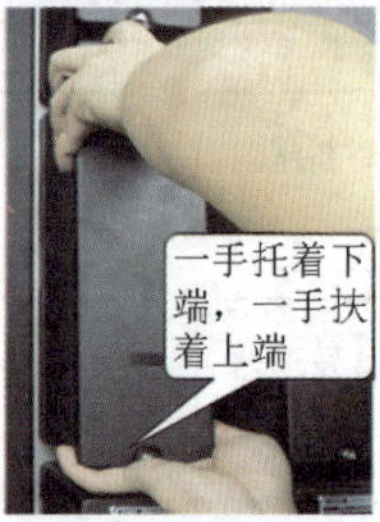
4	锁闭发送器	未应用	用锁闭杆钥匙将发送器下方的锁闭杆头顺时针旋转90°，听到咔哒声音后锁闭	锁闭杆钥匙	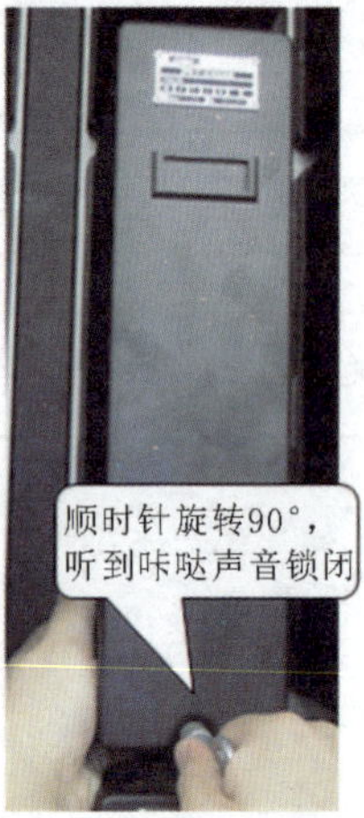

续上表

序号	组装步骤	安全防护措施	组装过程	所使用的工具	示意图
5	接通断路器	未应用	断路器闸刀拨动到上方为位置	无	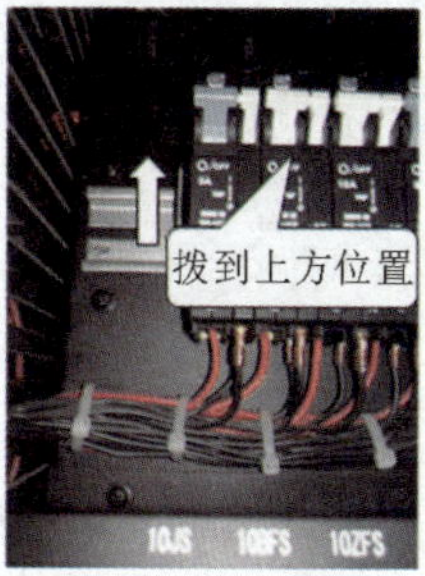
6	关闭柜门	未应用	合上左柜门，旋转门把手至水平位置，合上右柜门，顺时针旋转90°，将门把手摁进凹槽，则柜门关闭		见图2-5 ~图2-6

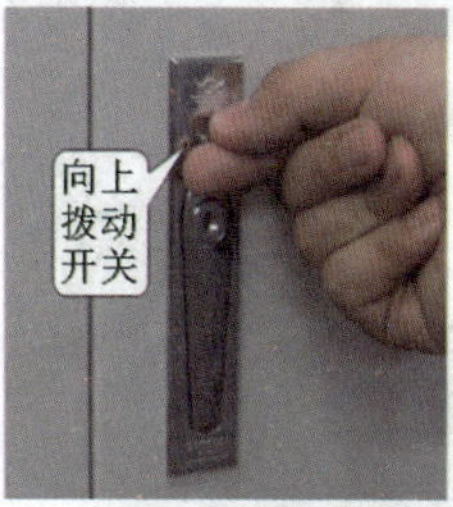

图2-2　“打开移频柜门”步骤一示意图

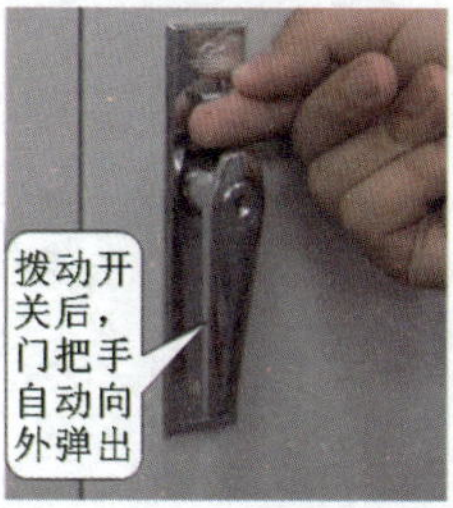

图2-3　“打开移频柜门”步骤二示意图

图2-4　“打开移频柜门”步骤三示意图

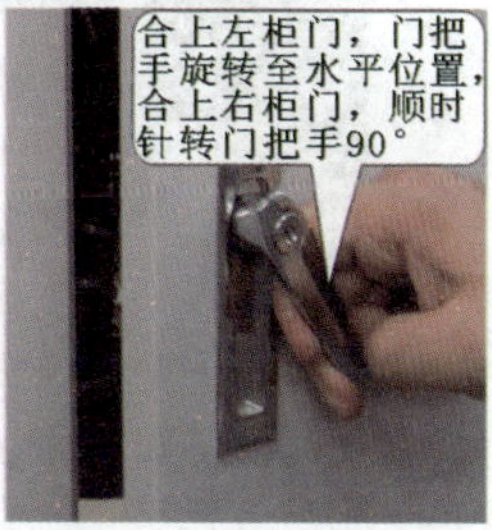

图2-5　“关闭移频柜门”步骤一示意图

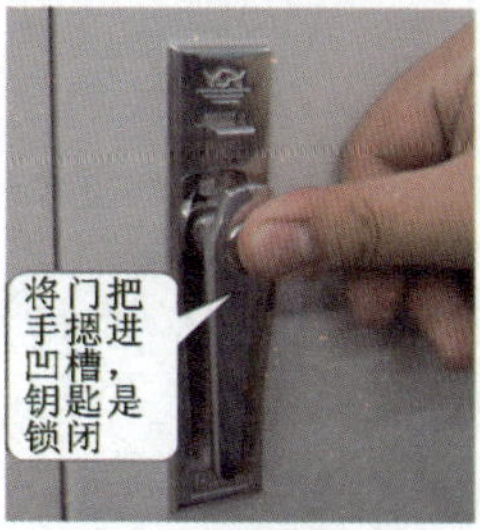

图2-6　“关闭移频柜门”步骤二示意图

2. 接收器组装步骤（表2-2）

表2-2　接收器组装步骤

序号	组装步骤	安全防护措施	组装过程	所使用的工具	示意图
1	打开柜门	未应用	参见发送器组装过程说明“打开柜门”步骤	无	参见发送器组装过程说明“打开柜门”步骤示意图
2	断开断路器	未应用	参见发送器组装过程“断开断路器”步骤	无	参见发送器组装过程说明“断开断路器”步骤示意图
3	插装接收器	未应用	将接收器底座对准安装槽位，保证接收器铭牌可以正视，一手托着接收器下部，一手扶着接收器上端，将接收器插入槽位至稳定不动	无	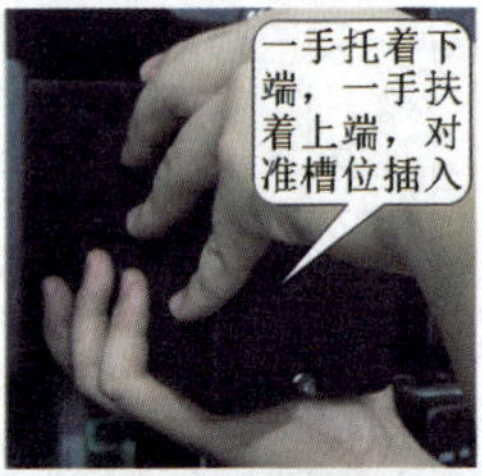
4	锁闭接收器	未应用	用锁闭杆钥匙将接收器下方的锁闭杆头顺时针旋转90°，听到咔哒声音后锁闭	锁闭杆钥匙	
5	接通断路器	未应用	断路器闸刀拨动到上方为位置	无	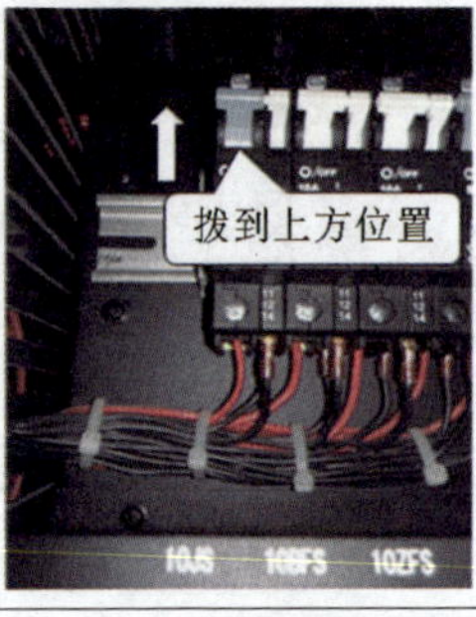
6	关闭柜门	未应用	参见发送器组装过程说明“关闭柜门”步骤	无	参见发送器组装过程说明“关闭柜门”步骤示意图

3. 衰耗器组装步骤（表2-3）

表2-3　衰耗器组装步骤

序号	组装步骤	安全防护措施	组装过程	所使用的工具	示意图
1	打开柜门	未应用	参见发送器组装过程“打开柜门”步骤	无	参见发送器组装过程“打开柜门”步骤示意图
2	断开对应发送器、接收器的断路器	未应用	参见发送器组装过程“断开断路器”步骤	无	参见发送器组装过程“断开断路器”步骤示意图
3	插装衰耗器	未应用	保证衰耗器面板可以正视，左手托着衰耗器下部，右手握着衰耗器前端，将衰耗器对准滑道推入至底	无	
4	紧固接收器	未应用	将机柜母板后侧的手捻螺钉顺时针方向扭转至不能动，则衰耗器紧固	无	
5	接通对应发送器、接收器的断路器	未应用	参见发送器组装过程“接通断路器”步骤	无	参见发送器组装过程“接通断路器”步骤示意图
6	关闭柜门	未应用	参见发送器组装过程“关闭柜门”步骤	无	参见发送器组装过程“关闭柜门”步骤示意图

4. 模拟网络组装说明（表2-4）

表2-4 模拟网络组装说明

步骤	组装步骤	安全防护措施	组装过程	所使用的工具	示意图
1	打开柜门	未应用	参见发送器组装过程“打开柜门”步骤	无	参见发送器组装过程“打开柜门”步骤示意图
2	断开对应发送器、接收器的断路器	未应用	参见发送器组装过程“断开断路器”步骤	无	参见发送器组装过程“断开断路器”步骤示意图
3	插装模拟网络	未应用	将模拟网络上下边对准组匣滑道，保证模拟网络面板可以正视，将模拟网络推到底	无	
4	紧固模拟网络	未应用	将机柜后面板上的手捻螺钉顺时扭转至不能动，则模拟网络紧固		
5	接通对应发送器、接收器的断路器	未应用	参见发送器组装过程“接通断路器”步骤	无	参见发送器组装过程“接通断路器”步骤示意图
6	关闭柜门	未应用	参见发送器组装过程“关闭柜门”步骤	无	参见发送器组装过程“关闭柜门”步骤示意图

5. 通信接口板组装步骤（表2-5）

表2-5　通信接口板组装步骤

序号	组装步骤	安全防护措施	组装过程	所使用的工具	示意图
1	打开柜门	未应用	向下揿压按钮，门把手自动向外弹出，逆时针旋转门把手90°，向外拉开门	无	见图2-2～图2-13
2	插装通信接口板	未应用	将通信接口板对准滑道推入，保证通信接口板竖直且面板开关处于断开位置	无	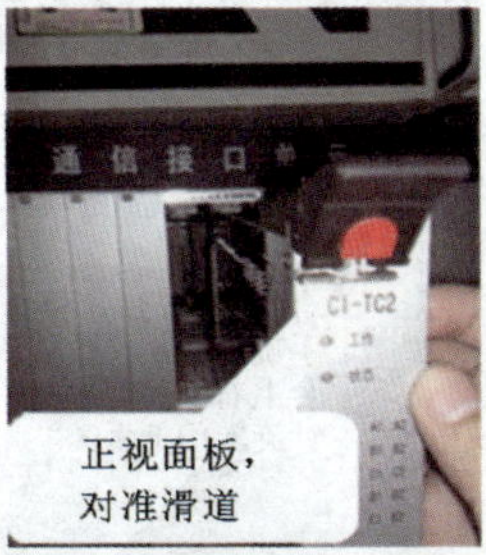
3	紧固通信接口板	未应用	将通信接口板插入后，用螺丝刀将通信接口板上下端螺丝紧固	十字螺丝刀	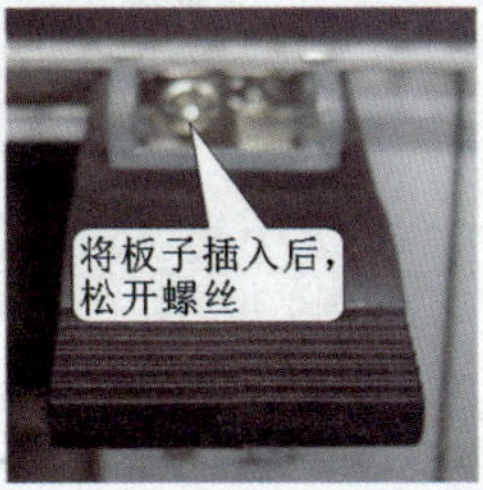
4	接通开关	未应用	将通信接口板面板上电源开关向外略微拔出并向上扳动则接通开关		
5	关闭柜门	未应用	合上左柜门，将门把手旋转至水平位置，合上右柜门，顺时针将门把手旋转90°，将门把手揿进凹槽	无	见图2-3～图2-4

图2-7　打开列控机柜柜门步骤一示意图

图2-8　打开列控机柜柜门步骤二示意图

图2-9　打开列控机柜柜门步骤三示意图

图2-10　关闭列控机柜柜门步骤一示意图

图2-11　关闭列控机柜柜门步骤二示意图

6. 分线采集器组装

参见模拟网络组装。

第二节　室内设备拆解流程

所有设备组装、拆解及线缆的插拔之前均应先切断电源，禁止带电作业。

一、室内设备拆解流程

室内设备拆解流程如图2-12所示。

图2-12　室内设备拆解流程

二、信号设备拆解

1. 发送器拆解步骤（表2-6）

表2-6　发送器拆解步骤

序号	拆解步骤	安全防护措施	拆解过程	所使用的工具	示意图
1	打开柜门	未应用	参见发送器组装过程“打开柜门”步骤	无	参见发送器组装过程“打开柜门”步骤示意图
2	断开断路器	未应用	参见发送器组装过程“断开断路器”步骤	无	参见发送器组装过程“断开断路器”步骤示意图

续上表

序号	拆解步骤	安全防护措施	拆解过程	所使用的工具	示意图
3	解锁发送器	未应用	用锁闭杆钥匙将发送器下方的锁闭杆头逆时针旋转90°	锁闭杆钥匙	
4	拆解发送器	未应用	一手托着发送器下部，一手扶着发送器上端，将发送器稍稍向上托起，然后拔出	无	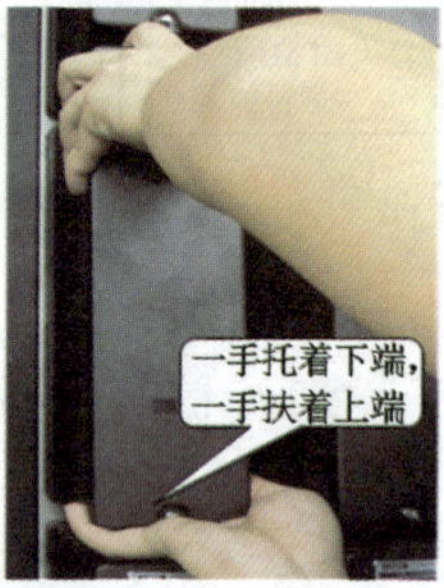
5	关闭柜门	未应用	参见发送器组装过程说明“关闭柜门”步骤	无	参见发送器组装过程“关闭柜门”步骤示意图

2. 接收器拆解步骤（表2-7）

表2-7　接收器拆解步骤

序号	拆解步骤	安全防护措施	拆解过程	所使用的工具	示意图
1	打开柜门	未应用	参见发送器组装过程“打开柜门”步骤	无	参见发送器组装过程“打开柜门”步骤示意图
2	断开断路器	未应用	参见发送器组装过程“断开断路器”步骤	无	参见发送器组装过程说明“断开断路器”步骤示意图

续上表

序号	拆解步骤	安全防护措施	拆解过程	所使用的工具	示意图
3	解锁接收器	未应用	用锁闭杆钥匙将接收器下方的锁闭杆头逆时针旋转90°	锁闭杆钥匙	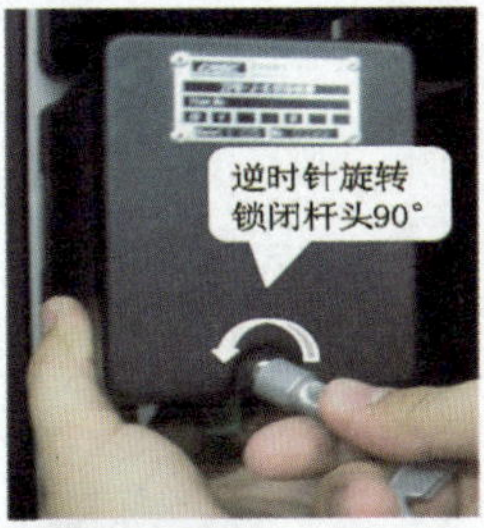
4	拆解接收器	未应用	左手托着接收器下部，右手握着接收器前端，将接收器稍稍向上托起，然后拔出	无	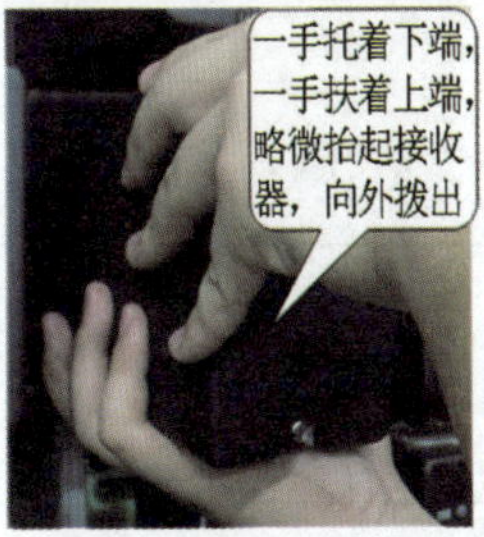
5	关闭柜门	未应用	参见发送器组装过程“关闭柜门”步骤	无	参见发送器组装过程“关闭柜门”步骤示意图

3. 衰耗器拆解步骤（表2-8）

表2-8　衰耗器拆解步骤

序号	拆解步骤	安全防护措施	拆解过程	所使用的工具	示意图
1	打开柜门	未应用	参见发送器组装过程“打开柜门”步骤	无	参见发送器组装过程“打开柜门”步骤示意图
2	解锁衰耗器	未应用	将机柜母板后侧的手捻螺钉逆时针方向扭转至脱离衰耗器	无	

续上表

序号	拆解步骤	安全防护措施	拆解过程	所使用的工具	示意图
3	拆解衰耗器	未应用	将衰耗器保持水平，沿着滑道拔出	无	
4	关闭柜门	未应用	参见发送器组装过程“关闭柜门”步骤	无	参见发送器组装过程“关闭柜门”步骤示意图

4. 模拟网络拆解步骤（表2-9）

表2-9 模拟网络拆解步骤

序号	拆解步骤	安全防护措施	拆解过程	所使用的工具	示意图
1	打开柜门	未应用	参见发送器组装过程“打开柜门”步骤	无	参见发送器组装过程“打开柜门”步骤示意图
2	解锁模拟网络	未应用	将机柜母板后侧的手捻螺钉逆时针方向扭转至脱离模拟网络	无	

续上表

序号	拆解步骤	安全防护措施	拆解过程	所使用的工具	示意图
3	拆解模拟网络	未应用	将模拟网络保持水平，沿着滑道拔出	无	
4	关闭柜门	未应用	参见发送器组装过程“关闭柜门”步骤	无	参见发送器组装过程“关闭柜门”步骤示意图

5. 通信接口板拆解步骤（表2-10）

表2-10　通信接口板拆解步骤

序号	拆解步骤	安全防护措施	拆解过程	所使用的工具	示意图
1	打开柜门	未应用	参见通信接口板组装过程“打开柜门”步骤	无	参见通信接口板组装过程“打开柜门”步骤示意图
2	关断电源	未应用	将前面板电源开关向外拔出并向下轻微扳动则关电		
3	解锁通信接口板	未应用	将通信接口板插入后，用螺丝刀将通信接口板上下端螺丝紧固	十字螺丝刀	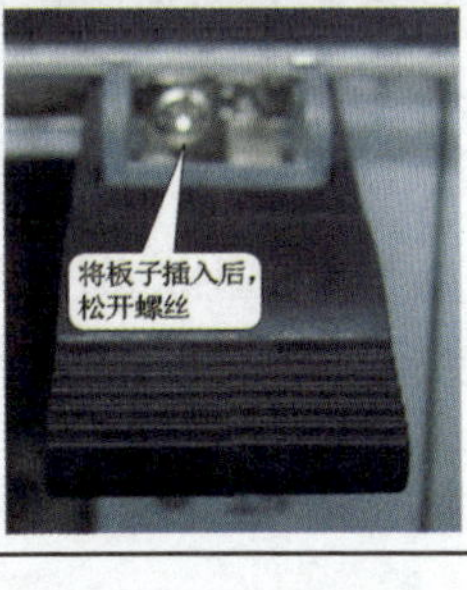

续上表

序号	拆解步骤	安全防护措施	拆解过程	所使用的工具	示意图
4	拆解通信接口板	未应用	将通信接口板48芯连接器插头对准安装槽位，保证通信接口板面板可以正视，将通信接口板推入槽位，48芯连接器插座可靠连接	无	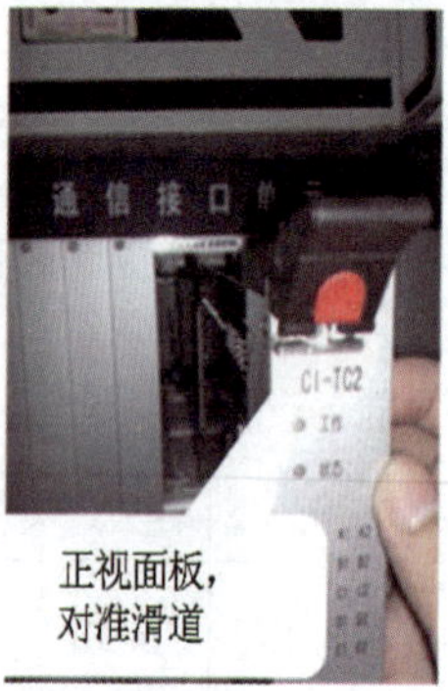
5	关闭柜门	未应用	参见通信接口板组装过程“关闭柜门”步骤	无	参见通信接口板组装过程“关闭柜门”步骤示意图

6. 分线采集器拆解

参见模拟网络拆解。

第三节 室内设备连接线缆操作

一般情况下，室内、外线缆在调试开通时均已铺设、捆扎、插入到位，在日常的维护工作中，维护人员不须进行其他操作。但在某些特殊情况下，如人为误操作将线缆拔出，维护人员还须对线缆进行必要的操作，以恢复设备及系统的正常工作。现将室内、外的线缆维护如下。

1. 发送器、接收器底座线缆的维护

移频柜内，发送器、接收器槽位的连接线均采用压接镀金端子的线缆。压接后的镀金端子线缆，其外形如图2-13所示，其端子头部、尾部均为扁平状，但两个扁平面正交，即端子头部在水平面为扁平状，而端子尾部在竖直面为扁平状。镀金端子专用插接钳的外形如图2-14所示，钳头即钳子前端的特写照片如图2-15所示。发送器、接收器底座线缆的维护见表2-11。

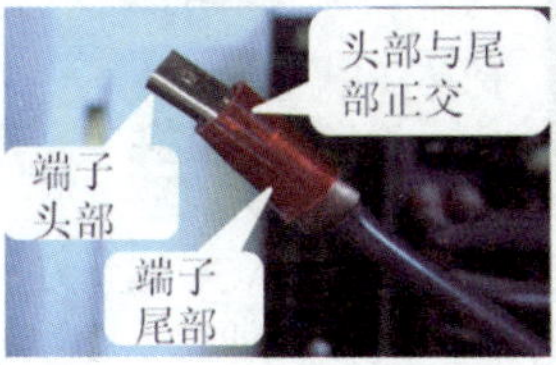

图2-13　镀金端子线缆

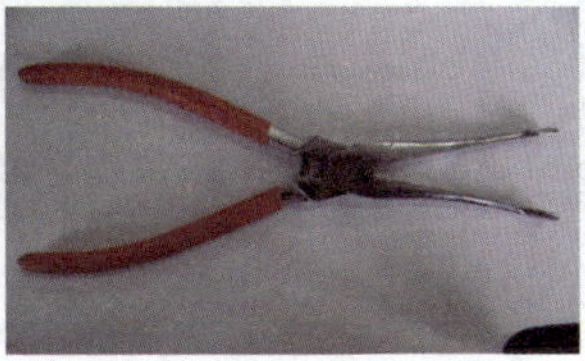
图2-14　镀金端子插接钳

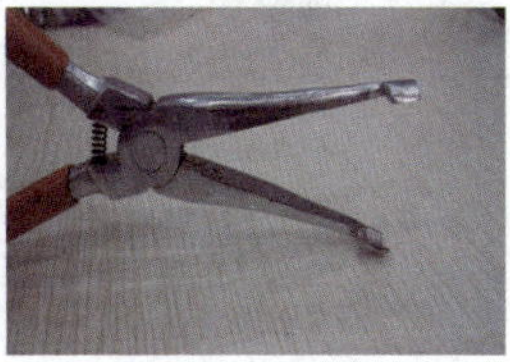
图2-15　镀金端子插接钳—钳头特写

表2-11　发送器、接收器底座线缆的维护

序号	维护名称	安全防护措施	维护过程	所使用的工具	示意图
1	插入镀金端子线缆	无	手握镀金端子专用插接钳，钳子前端完全包裹住端子尾部，方向上保证端子头部与水平面平行，对准U型槽连接片插入	镀金端子插接钳（专用）	
2	拔出镀金端子线缆	绝缘胶带	手握镀金端子专用插接钳，钳子前端完全包裹住端子尾部，顺势稍用力拔出，取出的线缆用绝缘胶带进行防护，防止短路	镀金端子插接钳（专用）	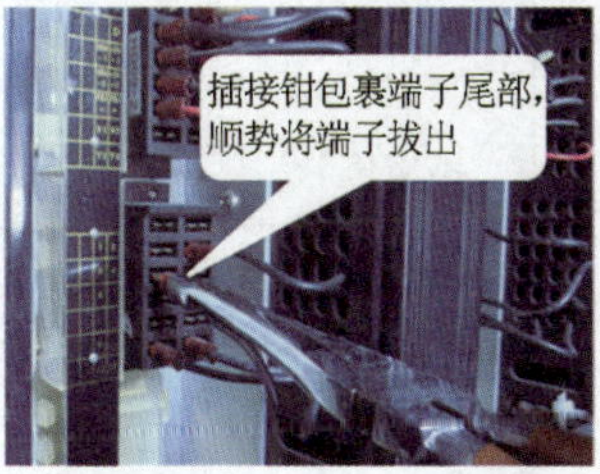

2. 衰耗器母板线缆维护

衰耗器对外连接、参数配置均通过母板上的WAGO端子完成，端子外形如图2-16所示，其中方形孔用于插入WAGO螺丝刀，圆形孔用于接线。端子其相关线缆的插接、拔出均使用WAGO专用螺丝刀，其外形如图2-17所示，其头部如图2-18所示。衰耗母板线缆维护见表2-12。

图2-16　WAGO端子

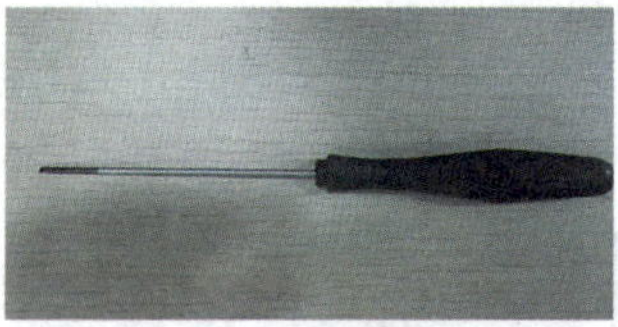

图2-17　WAGO螺丝刀

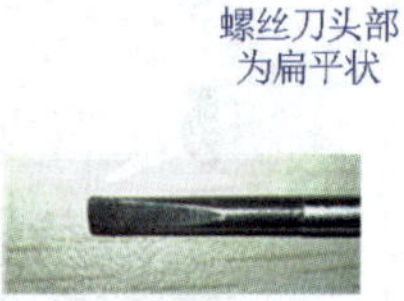

图2-18　WAGO螺丝刀头部

表2-12　衰耗母板线缆维护

序号	维护名称	安全防护措施	维护过程	所使用的工具	示意图
1	线缆插入WAGO端子	无	一手握WAGO螺丝刀，将螺丝刀刀头的平面顺着WAGO端子方形孔外壁插入到底，逆时针转动一角度，另一手将线端插入圆形孔，然后取出螺丝刀，线缆即连接上	WAGO螺丝刀（专用）	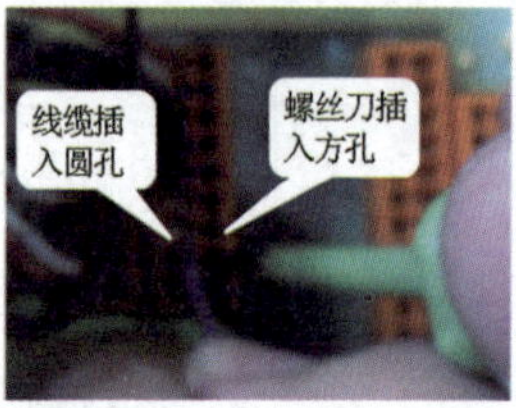
2	线缆拔出WAGO端子	绝缘胶带	一手握WAGO螺丝刀，将螺丝刀刀头的平面顺着WAGO端子方形孔外壁插入到底，逆时针转动一角度，另一手将线顺势拔出，然后取出螺丝刀。取出的线缆用绝缘胶带进行防护，防止短路	WAGO螺丝刀（专用）	

3. 模拟网络组匣线缆维护

模拟网络的对外连接、参数设置均通过组匣上35芯连接器完成，需现场使用烙铁进行焊接。如图2-19所示，模拟网络组匣线缆维护见表2-13。

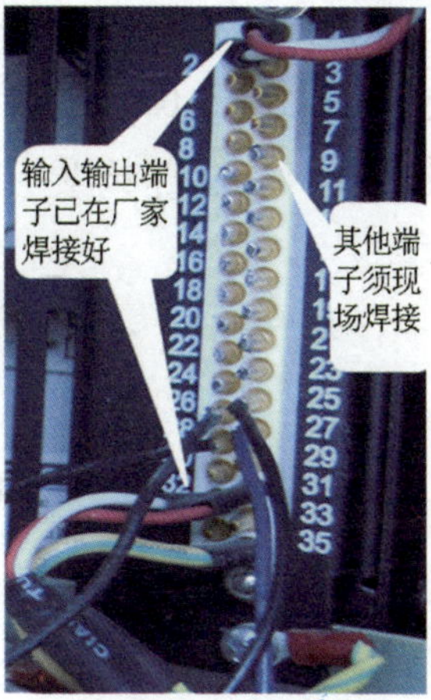

图2-19　模拟网络组匣对外连接端子

表2-13　模拟网络组匣线缆维护

序号	维护名称	安全防护措施	维护过程	所使用的工具	示意图
1	焊接线缆	热缩套管	根据线径选用合适大小的热缩套管，按规定套入线缆，使用小功率烙铁将线缆焊接在35芯连接器对应焊盘上	小功率烙铁、焊锡丝	
2	摘除线缆	无	使用小功率烙铁将35芯连接器焊盘上线缆焊接，并趁热取出线缆，取出的线缆用绝缘胶带进行防护，防止短路	小功率烙铁、焊锡丝	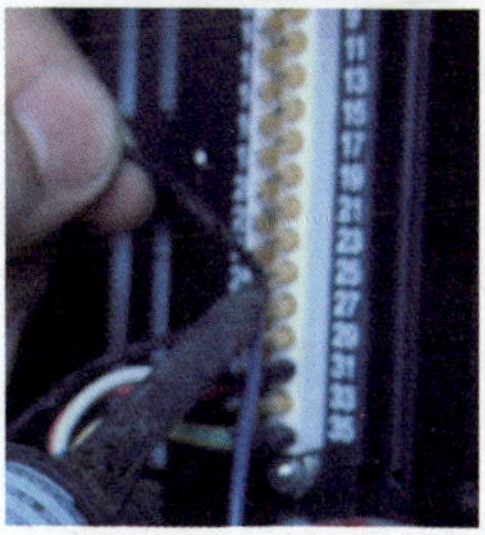

4.分线采集器线缆维护

采集信号线线型：双芯组绞话筒线SBVPV2R2 × 23 × 0.15。

CAN总线线型：双芯纽绞话筒线SBVPV2R2 × 23 × 0.15。

采集信号线长度要求：不大于10 m。

CAN总线长度要求：CAN总线总长度不大于50 m。

第三章　室外设备操作

第一节　室外设备组装流程

所有设备组装、拆解及线缆的插拔之前均应先切断电源，禁止带电作业。

1. 调谐匹配单元（PT）组装（表3-1）

表3-1　PT组装步骤

序号	组装步骤	安全防护措施	组装过程	所使用的工具	示意图
1	取出设备，松下螺钉	未应用		无	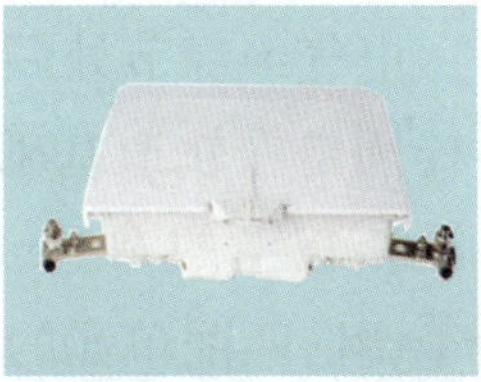
2	安装在基础柱紧固板上	未应用	调谐匹配单元应面向所属线路侧立式安装在基础桩的固定板上。用其配套螺栓（M10）将调谐匹配单元安装固定在同一基础桩的固定板上，并用转矩扳手将其紧固	无	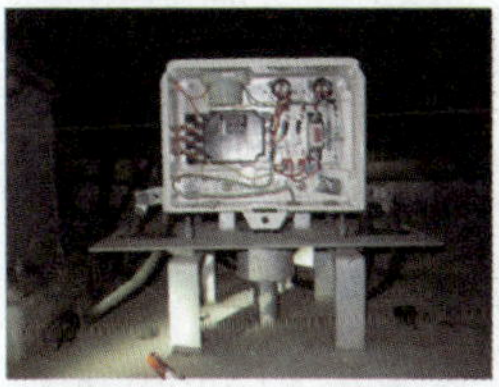
3	在设备侧安装钢轨引接线	未应用	用调谐匹配单元两侧端子板上预留的M12铜螺栓，将引接线4根（2 000 mm、3 700 mm各两根）ϕ12 mm铜端头一端与之连接在一起，并用转矩扳手紧固	无	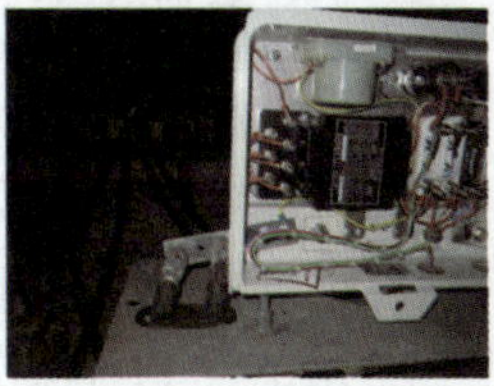

续上表

序号	组装步骤	安全防护措施	组装过程	所使用的工具	示意图
4	在钢轨侧安装引接线	未应用	将引接线两根从调谐匹配单元端子板一侧呈小圆弧状引出，用小枕木卡具固定后，用钢轨卡具固定在内轨轨底面上，将ϕ10 mm（或ϕ12 mm）塞钉自钢轨内侧（或自钢轨外侧）向外侧（或向内侧）经塞钉帽（塞钉帽在钢轨轨腰中部的孔内）穿出，把引接线一端的ϕ10 mm（或ϕ12 mm）铜端头连接到塞钉上，并用公斤扳手紧固，使引接线朝下与水平面成45°～60°夹角	无	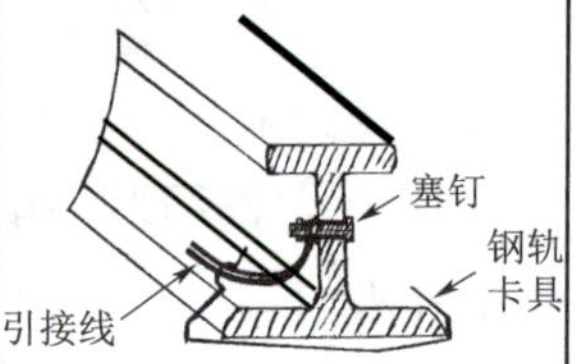

电气绝缘节处调谐匹配单元安装在轨道旁，用盒体背后的两个螺栓固定在轨道基础桩上。如图3-1所示，通过调谐匹配单元两个外连接板上的ϕ12 mm螺栓，用钢包铜引接线与钢轨连接，电缆线接于调谐匹配单元的瓷柱端子E1E2，瓷柱端子的V1V3确保跨接可靠，75 V横向防雷模块安装在基础桩上，其两端采用10 mm^{2}多股铜线分别接在调谐匹配单元两个外连接片的两端M6螺栓上。

机械绝缘节处调谐匹配单元与机械节空芯线圈背靠背安装在轨道旁基础桩上，用盒体背后的两个螺栓固定，通过调谐匹配单元两个外连接板上的ϕ12 mm螺栓，用钢包铜引接线并联接至钢轨，75 V横向防雷模块安装在基础桩上，其两端采用10 mm^{2}多股铜线分别接在调谐匹配单元两个外连接片的两端M6螺栓上，此时应将调谐匹配单元对应于A、B点的小连接片拆下，拆下后把连接片安装在右边邻近的螺丝孔上。U1、U2为盒体外方的铜连接板。用于与其他设备或钢轨的连接。

使用前应对照施工图标注的区段的频率，检查调谐匹配单元安装频率是否正确。在长期使用过程中，要定期检查连接线与钢轨及调谐单元的连接是否可靠。

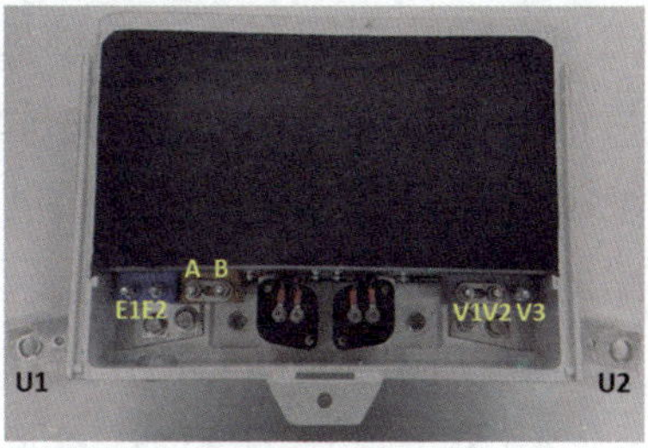

图3-1　调谐匹配单元安装示意图

2. 空芯线圈（XKD）组装

空芯线圈组装步骤与PT组装步骤类似，参见表3-1。

空芯线圈安装在轨道旁，用盒体背面的两个螺栓固定在轨道基础桩上。两个外连接板，通过钢包铜引接线与钢轨连接，中连接板用于接地或横向连接，如图3-2、图3-3所示。

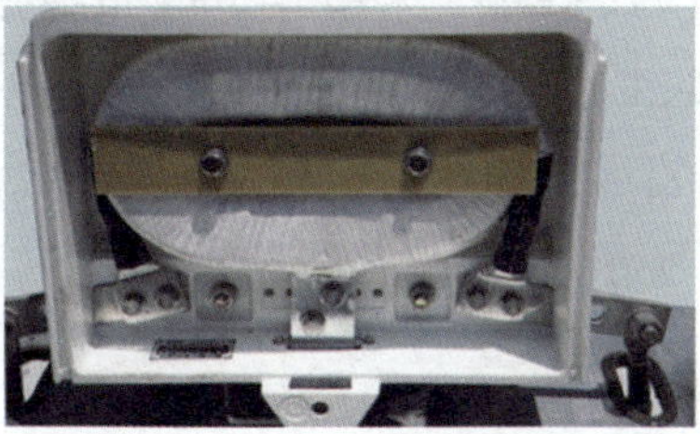

图3-2　空芯线圈安装示意图1

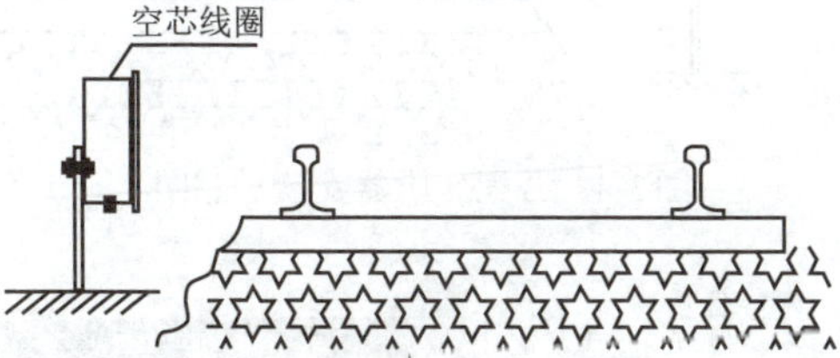

图3-3　空芯线圈安装示意图2

3. 机械绝缘节空芯线圈（XKJD）组装

组装步骤与PT类似，参见表3-1。

机械绝缘节空芯线圈的结构特征与空芯线圈一致，安装在机械绝缘节轨道边的基础桩上与相应频率调谐单元相并联，用盒体背面的两个螺栓固定在轨道基础桩上，两个外连接板通过钢包铜引接线与钢轨连接，中连接板用于接地或横向连接。使电气绝缘节—机械绝缘节间轨道电路的传输长度与电气绝缘节—电气绝缘节间轨道电路的传输长度相同。

4. 站内匹配单元（BPLN）组装

组装步骤与PT类似，参见表3-1。

使用前应对照施工图标注的区段的频率，检查匹配变压器安装频率是否正确。在长期使用过程中，要定期检查连接线与钢轨及匹配变压器的连接是否可靠。

匹配变压器安装在轨道旁，用盒子背面的两个螺栓固定在轨道基础桩上，匹配变压器的V1、V2端子采用7.4 mm^2带绝缘护套的多股铜芯电缆线与调谐单元连接，E1、E2端子经SPT数字信号电缆与室内设备连接。

匹配变压器安装示意如图3-4所示，站内匹配单元原理如图3-5所示，外形如图3-6所示。

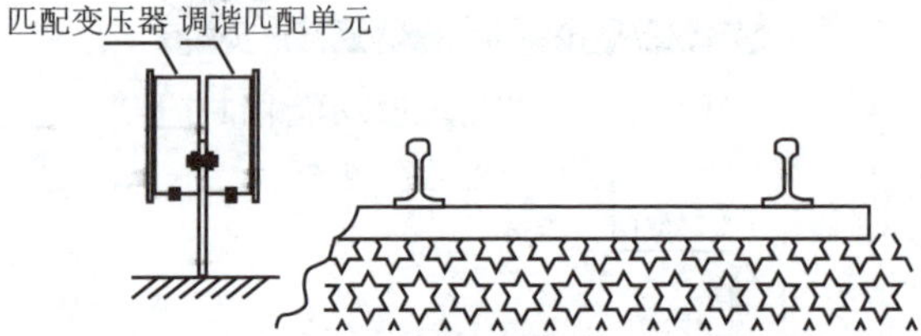

图3-4 匹配变压器安装示意图

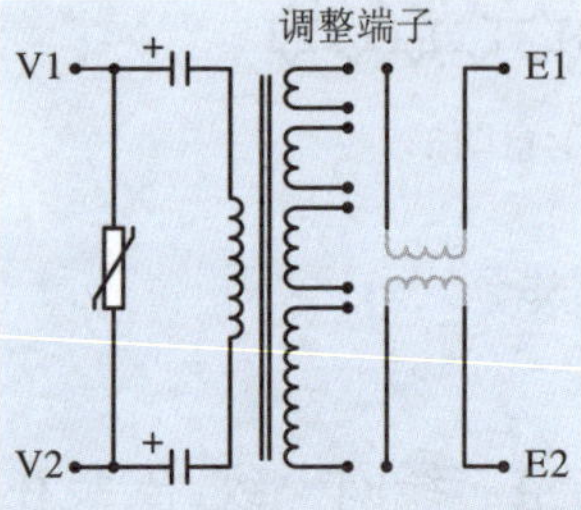

图3-5 站内匹配单元原理

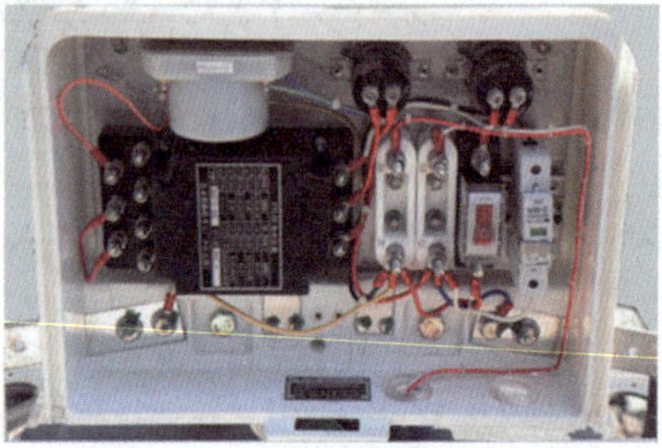

图3-6 站内匹配单元外形

5. 补偿电容（CBGM）的组装

补偿电容是为了补偿因轨道电路过长，钢轨电感的感抗所产生的无功功率损耗，改善轨道电路在钢轨上的传输性能。

补偿电容引接线塞钉的安装有两种：一种是引接线和塞钉是焊接方式，将塞钉直接打入钢轨。还有一种是引接线用ϕ8 mm的冷压铜端头（加强型）与之压接，而钢轨轨腰中部要安装塞钉帽及配套塞钉，两种安装方法钢轨钻孔均为ϕ9.8 mm。

补偿电容的安装一般有表3-2所述三种，但为了方便工务部门大型养路机械作业，结合ZPW-2000系列无绝缘轨道电路制式的推广应用，铁路总公司要求将补偿电容安装在特制轨枕内。

表3-2　补偿电容的组装

序号	组装步骤	安全防护措施	组装过程	所使用的工具	示意图
1	在特制轨枕中的安装	未应用	（1）将补偿电容置于特制轨枕。 （2）补偿电容引接线从特制轨枕两端引线孔中引出。 （3）将补偿电容两端引接线用钢轨卡具固定，用手捶将引接线塞钉打入塞钉孔中，手捶击打塞钉时用力要均匀，以免将塞钉打歪。塞钉大入钢轨后以塞钉头露出钢轨内侧1～4 mm为宜。 （4）使塞钉引线朝下并与水平面约成45°～60°夹角。 （5）塞钉两端涂漆防护	无	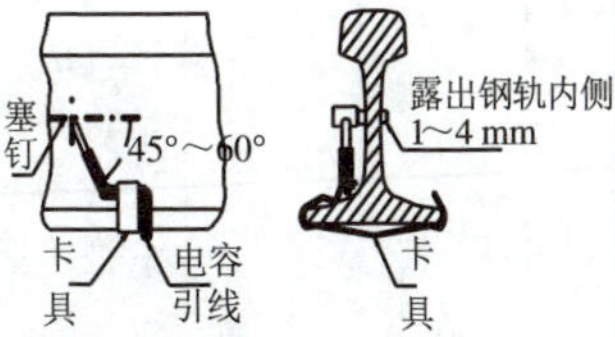 电容塞钉安装及固定方式

续上表

序号	组装步骤	安全防护措施	组装过程	所使用的工具	示意图
2	在普通轨枕中的安装	未应用	（1）安装补偿电容卡具：将电容卡具用ϕ6 mm胀管螺栓固定在轨枕侧面，并将补偿电容安装在卡具内。 （2）安装补偿电容引接线卡具：将轨枕卡具用ϕ6 mm胀管螺栓固定在轨枕侧面，并将引接线两端安装在卡具内。 （3）安装补偿电容引接线钢轨卡具：用钢轨卡具将引接线两端在轨底上面走行部分固定。 （4）电容引接线塞钉安装方法及防护，参照特制轨枕安装方法安装	无	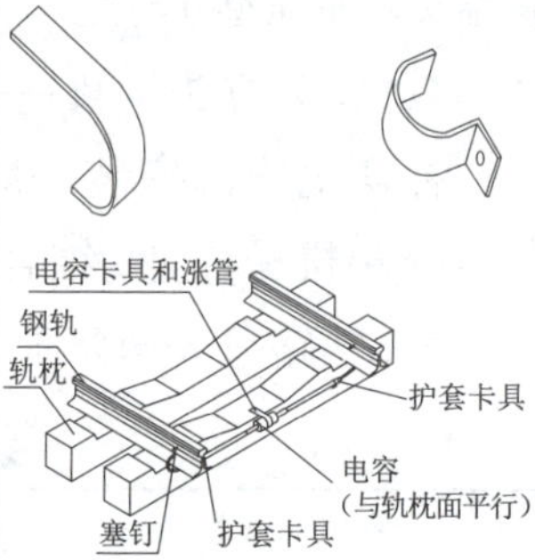
3	在京沪线的安装	未应用	在京沪线使用的安装方法，有两种：其一是将补偿电容放置在轨枕侧面下部，用固定带上的两个固定环将补偿电容安装牢固，并将固定带一端穿过轨枕底部，而固定带的另一端经轨枕上部用固定夹将固定带两端连接并紧固在一起；并将固定防护板安装在固定带的上半部分。	无	

续上表

序号	组装步骤	安全防护措施	组装过程	所使用的工具	示意图
3	在京沪线的安装	未应用	此种方法施工便于工务部门大型养路机械作业，并且造价成本低，便于推广。其二是将补偿电容放置在轨距杆型防护盒内，防护盒两端固定在钢轨底部，补偿电容引接线从防护盒两端防护杆中引出并接向钢轨，补偿电容防护盒紧贴在轨枕侧面，上平面与轨枕上平面平	无	

6. 带适配器的扼流变压器（BES-1000/ZPW）的组装（表3-3）

表3-3　带适配器的扼流变压器组装

序号	组装步骤	安全防护措施	组装过程	所使用的工具	示意图
1	设备安装上基础柱	未应用	将扼流变压器固定在基础柱上	无	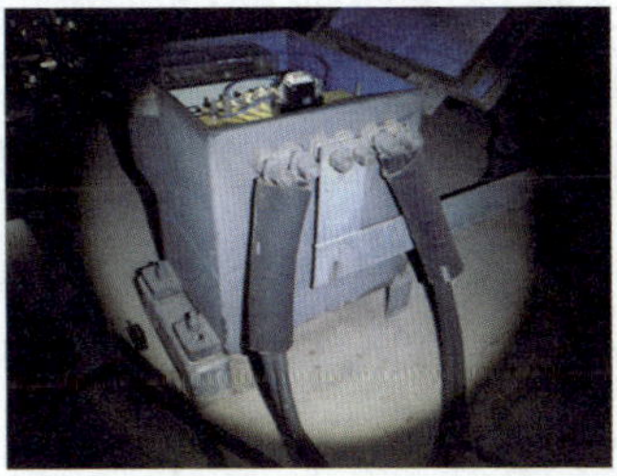

续上表

序号	组装步骤	安全防护措施	组装过程	所使用的工具	示意图
2	设备连接引接线	未应用	紧固钢包铜引接线	无	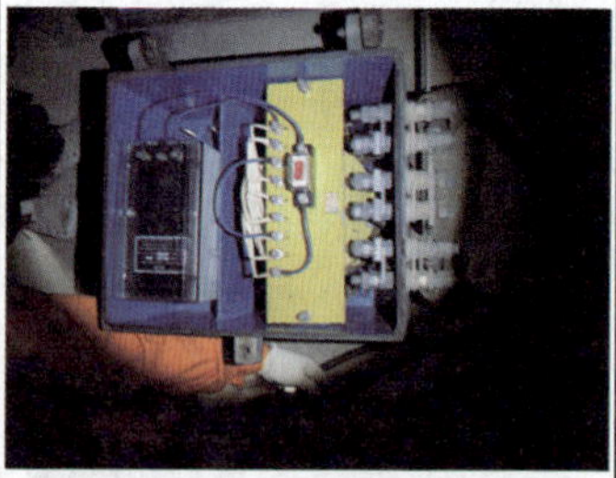
3	设备连接钢轨	未应用	引接线连接钢轨	无	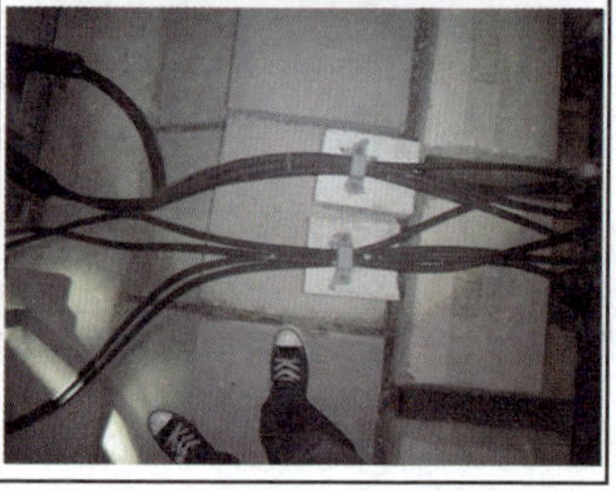

应用于站内ZPW-2000A型轨道电路及其需要设置空扼流变压器导通牵引电流的无岔分支末端，其作用一是降低不平衡牵引电流在扼流变压器两端产生的50 Hz电压，使其不大于2.4 V；二是导通钢轨内的牵引电流，使其畅通无阻。

为了降低该设备的引入对站内ZPW-2000A型轨道电路的影响，其对于轨道电路信号的阻抗，在不大于规定的不平衡牵引电流条件下，其移频阻抗不小于17 Ω。带适配器的扼流变压器外形如图3-7所示。

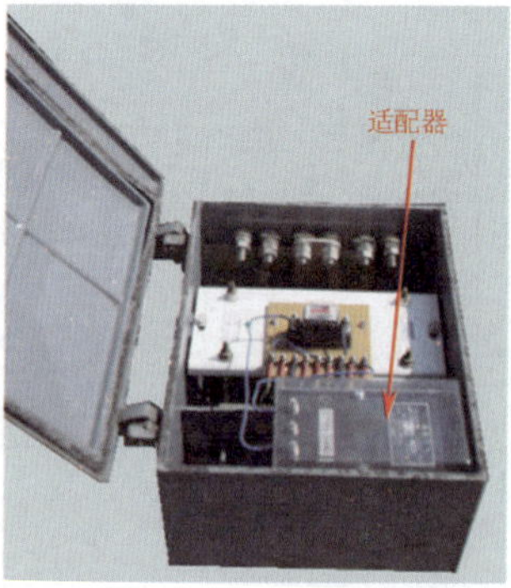

图3-7　带适配器的扼流变压器外形

7. 适配器组装

参见带适配器扼流变压器组装。

与扼流变压器配套使用，为了确保带适配器的扼流变压器对牵引电流50 Hz信号呈现较低的阻抗，使其在最大的不平衡牵引电流条件下，其在扼流变压器上产生的50 Hz电压不大于2.4 V；而对于轨道电路的移频信号呈现较高阻抗，在规定的使用条件下不小于17 Ω。

8. 空扼流变压器（型号：BE-1000/ZPW）组装

参见带适配器扼流变压器组装。

应用于区间ZPW-2000A型无绝缘轨道电路区段需要将牵引回流线或保护线引入钢轨的地方，及其上下行线路间横向连接线的地方。为了降低该设备的引入对区间ZPW-2000A型无绝缘轨道电路的影响，其对于轨道电路信号的阻抗，在不大于规定的不平衡牵引电流条件下，其移频阻抗不小于17 Ω。

第二节　室外设备拆解流程

所有设备组装、拆解及线缆的插拔之前均应先切断电源，禁止带电作业。

1. 调谐匹配单元的拆解（PT）（表3-4）

表3-4　调谐匹配单元拆解

序号	组装步骤	安全防护措施	拆解过程	所使用的工具	示意图
1	拆引接线	未应用	拿榔头敲下卡在钢轨中的引接线塞钉	无	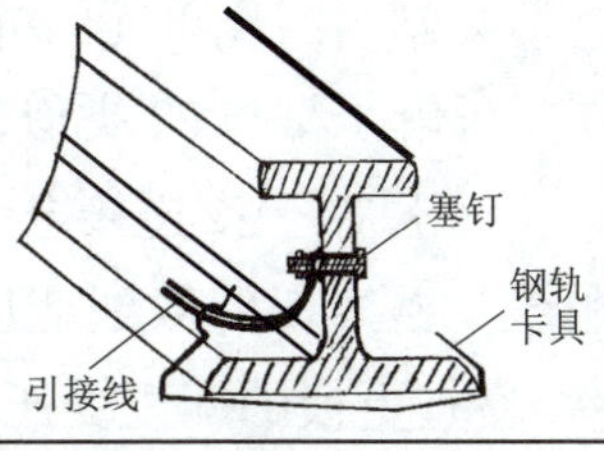

续上表

序号	组装步骤	安全防护措施	拆解过程	所使用的工具	示意图
2	基础柱紧固板松绑	未应用	松下右图中设备左侧铜螺栓，拆下设备	无	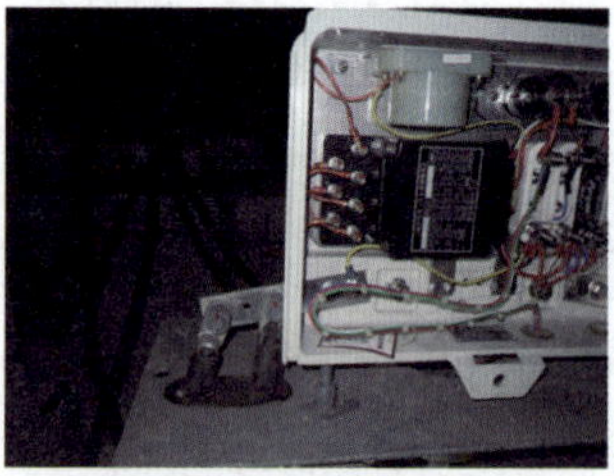
3	更换设备	未应用	拆下U1、U2连接电缆，拿下基础柱，松下瓷柱端子的数字信号电缆，更换新的调谐匹配单元	无	

2. 空芯线圈的拆解（XKD）

拆解步骤与PT类似，参见表3-4。

空芯线圈拆解时，用扳手松下，固定在轨道基础桩上的钢包铜引接线。之后更换新的空芯线圈。

3. 机械绝缘节空芯线圈的拆解（XKJD）

拆解步骤与PT类似，参见表3-4。

机械绝缘节空芯线圈的结构特征与空芯线圈一致，机械绝缘节空芯线圈拆解时，用扳手松下，固定在轨道基础桩上的钢包铜引接线。之后更换新的机械绝缘节空芯线圈。

4. 站内匹配单元的拆解（BPLN）

拆解步骤与PT类似，参见表3-4。

拆下V1、V2连接电缆，拿下基础柱，松下万可端子的数字信号电缆。更换新的匹配变压器。安装时对照施工图标注的区段的频率，检查更换的匹配变压器安装频率是否正确。检查连接线与钢轨及调谐单元的连接是否可靠。

5. 补偿电容（CBGM）的拆解（表3-5）

拿榔头敲下固定于钢轨上的塞钉，更换新的补偿电容，之后紧固螺钉。

表3-5　补偿电容拆解

序号	组装步骤	安全防护措施	拆解过程	所使用的工具	示意图
1	拆防护罩	未应用	卸下右图所示防护罩紧固螺钉，更换电容	无	
2	更换电容	未应用	更换新的电容后，紧固螺钉，恢复如右图所示	无	

第四章　智能诊断系统操作

ZPW-2000A型轨道电路智能诊断系统是基于轨道电路理论分析、系统仿真和多年应用经验总结进行开发，实现对ZPW-2000A型轨道电路设备和传输通道实现快速精准故障定位，给出现场可操作的维修建议、辅助现场维修的技术装备。

智能诊断系统适用于通信编码ZPW-2000A·T和继电编码ZPW-2000A·J型轨道电路。

第一节　设备规格及系统构成

一、设备规格

ZPW-2000A型轨道电路智能诊断系统通过新增设硬件设备智能诊断主机，实现故障诊断功能，其规格见表4-1。

表4-1　智能诊断系统设备规格

序号	产品名称	产品型号	外形尺寸			颜色	重量（kg）	备注
			宽（mm）	高（mm）	深（mm）			
1	ZPW-2000A型轨道电路诊断主机	ZPW·DZ-K	482	44	460	灰黑	6.25	1U上架机箱，一般用于通信编码ZPW-2000A·T系统
2		ZPW·DZ-T	84	190	363	蓝黑	6.5	内嵌式悬挂安装，一般用于继电编码ZPW-2000A·J系统

ZPW · DZ-K 型诊断主机外观结构如图 4-1 所示。

ZPW · DZ-T 型诊断主机外观结构如图 4-2 所示。

图 4-1　ZPW · DZ-K 型诊断主机外观结构

图 4-2　ZPW · DZ-T 型诊断主机外观结构

二、系统构成

通信编码 ZPW-2000A 型轨道电路智能诊断系统构成如图 4-3 所示。

继电编码 ZPW-2000A 型轨道电路智能诊断系统构成如图 4-4 所示。

（1）智能诊断主机可通过两种方式接收轨道电路室内设备采集数据：

方式一：通过 RJ45 以太网接接口，接入轨道电路监测维护单元；

方式二：通过 CAN 口直接接入轨道电路设备（如图 4-3、图 4-4 中虚线所示）。

（2）智能诊断主机通过 CAN 总线，与室外监测通信处理机接口，接收轨道电路室外设备采集数据。

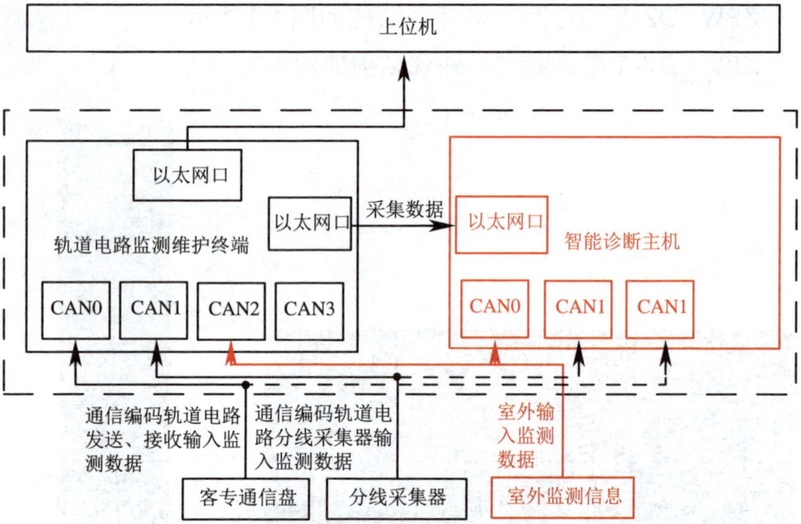

图4-3 通信编码ZPW-2000A型轨道电路系统构成示意图

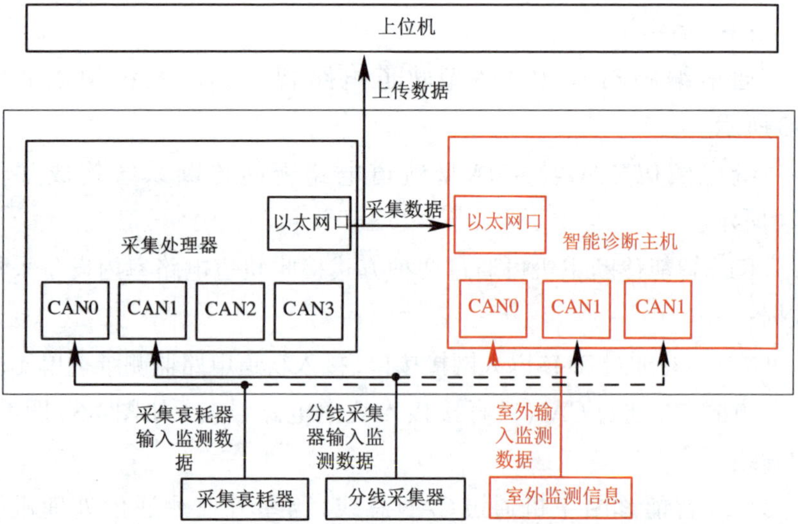

图4-4 继电编码ZPW-2000A型轨道电路系统构成示意图

（3）智能诊断主机通过以太网接口，将故障分析和报警信息上传至上位机。

第二节　设备性能指标和接口

一、硬件环境

（1）机箱结构：

ZPW · DZ-K型诊断主机：1 U上架机箱，上盖全铝散热；

ZPW · DZ-T型诊断主机：内嵌式悬挂安装，全铝散热。

（2）CPU：Intel i5-3610ME；

（3）内存：4 GB DDR 3，可扩展；

（4）硬盘：

ZPW · DZ-K型诊断主机：工业级SATA 500 GB；

ZPW · DZ-T型诊断主机：工业级SATA128 GB。

（5）可靠性：MTBF大于50 000 h。

二、软件环境

（1）操作系统：Microsoft Windows XP/Microsoft Win 7/Windows 10；

（2）数据库：MySQL 5.0以上版本。

三、显示和接口

ZPW · DZ-K型诊断主机前、后面板示意如图4-5、图4-6所示。

ZPW · DZ-T型诊断主机前、后面板示意如图4-7、图4-8所示。

图4-5　ZPW · DZ-K型诊断主机前面板示意图

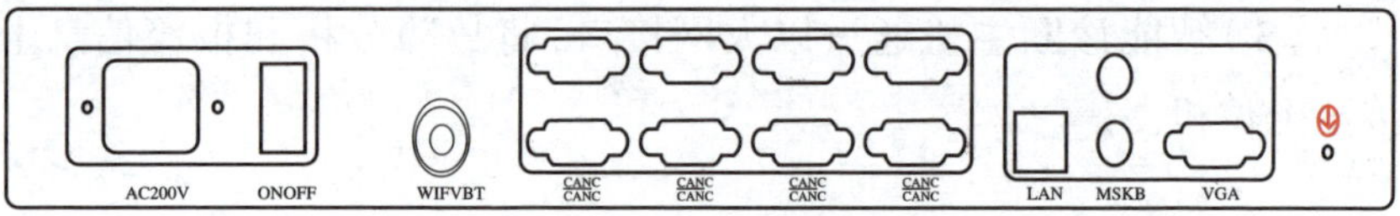

图4-6 ZPW · DZ-K型诊断主机后面板示意图

图4-7 ZPW · DZ-T型诊断主机前面板示意图

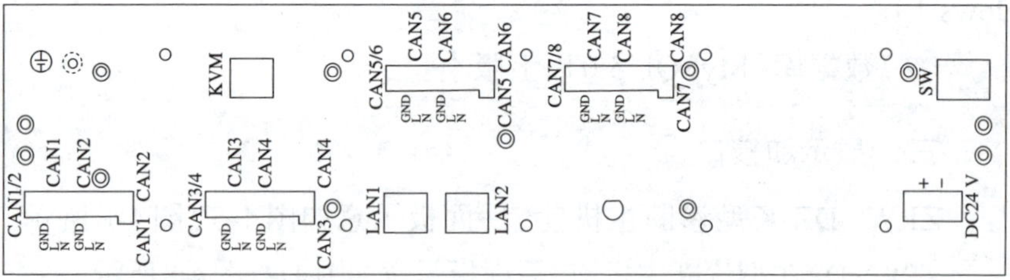

图4-8 ZPW · DZ-T型诊断主机后面板示意图

1. ZPW · DZ-K型诊断主机液晶显示

主机前面板液晶显示屏，显示主机的CPU温度。

2. ZPW·DZ-K型诊断主机指示灯显示

主机前面板指示灯显示如图4-9所示。

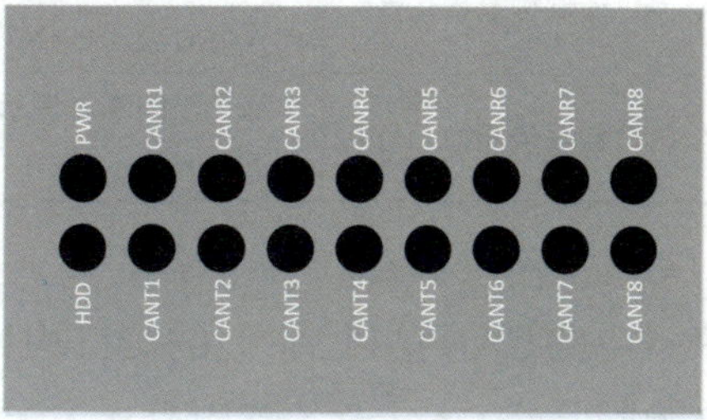

图4-9 ZPW·DZ-K型诊断主机指示灯显示

指示灯显示含义见表4-2。

表4-2 ZPW·DZ-K型诊断主机指示灯显示对应表

指示灯	名称	含义
PWR	电源指示灯	亮绿灯时表示电源正常； 灭灯时表示电源断开
HDD	硬盘指示灯	绿色灯闪烁时表示有数据存取； 灭灯时表示硬盘故障
CANR1、CANT1	CAN1口数据传输指示灯	绿色等闪烁时表示CAN1口有数据传输； 灭灯时表示CAN1口无数据传输
CANR2、CANT2	CAN2口数据传输指示灯	绿色等闪烁时表示CAN2口有数据传输； 灭灯时表示CAN2口无数据传输
CANR3、CANT3	CAN3口数据传输指示灯	绿色等闪烁时表示CAN3口有数据传输； 灭灯时表示CAN3口无数据传输
CANR4、CANT4	CAN4口数据传输指示灯	绿色等闪烁时表示CAN4口有数据传输； 灭灯时表示CAN4口无数据传输
CANR5、CANT5	CAN5口数据传输指示灯	绿色等闪烁时表示CAN5口有数据传输； 灭灯时表示CAN5口无数据传输
CANR6、CANT6	CAN6口数据传输指示灯	绿色等闪烁时表示CAN6口有数据传输； 灭灯时表示CAN6口无数据传输

续上表

指示灯	名称	含义
CANR7、CANT7	CAN7口数据传输指示灯	绿色等闪烁时表示CAN7口有数据传输；灭灯时表示CAN7口无数据传输
CANR8、CANT8	CAN8口数据传输指示灯	绿色等闪烁时表示CAN8口有数据传输；灭灯时表示CAN8口无数据传输

3. ZPW · DZ-K型诊断主机CAN通信接口

本机后面板提供8路CAN接口，它们的接口均为DB9针型插座。

其中1～4路为同一个CAN设备索引号0，CAN Index为0～3；5～8路为同一个CAN设备索引号1，CAN Index 为0～3。

DB9针型插座接口定义见表4-3。

表4-3 ZPW · DZ-K型诊断主机DB9插座接口定义

管脚号	信号	功能
2	CAN_L	CAN_L低信号线
7	CAN_H	CAN_H高信号线
3、6	GND	参考地
5	CAN_SHIELD	屏蔽地
1、4、8、9	空	预留

4. ZPW · DZ-T型诊断主机CAN通信接口

本机后面板提供8路CAN接口，其接口端子如图4-10所示。其中每两路CAN接口为一组用6pin端子座引出。当操作CAN接口时，应注意如下：其中1～4路为同一个CAN设备索引号0，CAN Index为0～3；5～8路为同一个CAN设备索引号1，CAN Index 为0～3。

以CAN1和CAN2接口端子座为例，CAN接口端如图4-10所示，端子管脚定义见表4-4。

图4-10　CAN接口端子图

表4-4　端子管脚定义

管脚	信号	管脚	信号
1	CAN1_GND	4	CAN2_GND
2	CAN1_L	5	CAN2_L
3	CAN1_H	6	CAN2_H

5. 以太网接口

提供2个10/100 M/1 000 M Base-T RJ45以太网接口，接收ZPW-2000A型轨道监测维护单元或其他下位机上传的室内监测数据信息。

以太网接口定义见表4-5。

表4-5　以太网接口定义

管脚	信号	管脚	信号
1	NETTX+	5	RJ1-1
2	NETTX-	6	NTTRX-
3	NETRX+	7	RJ2-2
4	RJ1-1	8	RJ2-2

6. 电源接口

ZPW·DZ-K型诊断主机外接不间断的交流稳压220 V电源。

ZPW·DZ-T型诊断主机外接不间断直流24 V电源。

7. 控显接口

ZPW·DZ-K型诊断主机背后有两个PS/2接口、一个VGA接口；其中，PS/2连接鼠标、键盘；VGA接口连接显示器。

ZPW·DZ-T型诊断主机通过1路集成鼠标、键盘、VGA为一体的KVM接口，用于远距离显示和控制设备，传输距离大于20 m。

8. WiFi/蓝牙接口

主机背后有一路WiFi/蓝牙接口，WiFi支持网络802.11 b/g/n，蓝牙支持BT4.0。

9. 接地接口

主机背后提供一个接地孔以支持机壳接地。

第三节 工程结合

一、电源需求

1. 电源质量要求

ZPW·DZ-K型诊断主机：不间断交流稳压220 V电源，范围AC 210 ～230 V。

ZPW·DZ-T型诊断主机：不间断直流24 V电源，范围19 ～36 V。

2. 电源容量要求

ZPW·DZ-K型诊断主机耗电量为220 VA。

ZPW·DZ-T型诊断主机耗电量为40 VA。

二、控显设备

（1）新建线路的控显设备与轨道监测维护机或列控监测维护机共用，通过采用多路输入的KVM切换器，共用控显设备。

（2）既有改建线路可以根据实际情况灵活选用，利用既有KVM切换器接口、新增控显设备或者将既有控显设备更换为具有多路KVM切换器功能器材。

三、安装方式

ZPW·DZ-K型诊断主机安装于轨道电路接口及监测机柜内空余位置，1 U高度，如图4-11所示。也可独立设置机柜进行安装。

ZPW·DZ-T型诊断主机为内嵌式悬挂安装于轨道电路机柜内空余位置，如图4-12所示。也可独立设置机柜进行安装。

图4-11 ZPW·DZ-K型诊断主机诊断主机安装示意图

图4-12 ZPW·DZ-T型诊断主机诊断主机安装示意图

第四节 界面操作

一、软件启动

显示终端（IDDT）软件是智能诊断系统为用户提供的操作使用及显示界面。

双击IDDT.exe，启动轨道电路智能诊断系统主程序。

二、主界面

轨道电路智能诊断系统主界面包括标题栏、工具栏和信息提示区等，界面如图4-13所示。

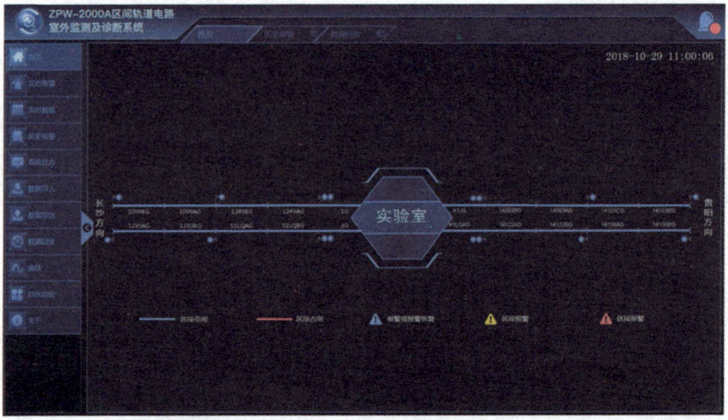

图4-13　主界面示意图

（1）标题栏：位于窗口最顶部，显示当前轨道电路诊断系统程序名。

（2）工具栏：包括首页、实时报警、实时数据、历史报警、系统状态、数据导入、数据导出、数据回放、曲线、其他功能等。

（3）信息提示区：位于右上角，提示用户报警数量。

（4）信息显示区：首页显示站场图信息。

三、实时报警

出现报警时在首页站场图中区段变红报警标识显示在该区段上并且不停闪烁，界面如图4-14所示。

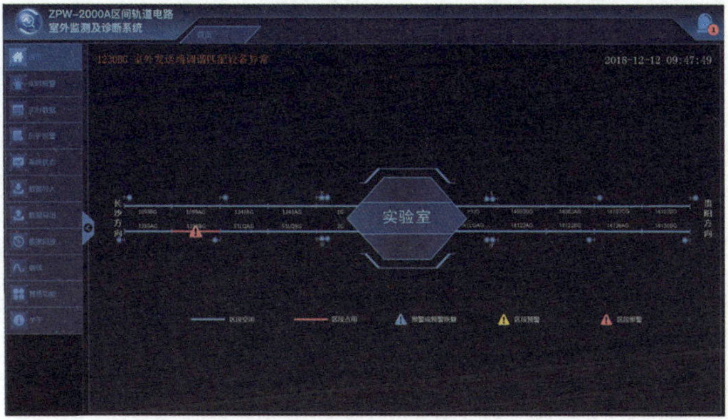

图4-14　首页报警信息示意图

点击报警标识也可点击左上角报警提示信息显示实时报警页，显示区段名称、报警位置示意图、报警类型、设备名称、报警开始时间、报警结束时间等信息，界面如图4-15所示。

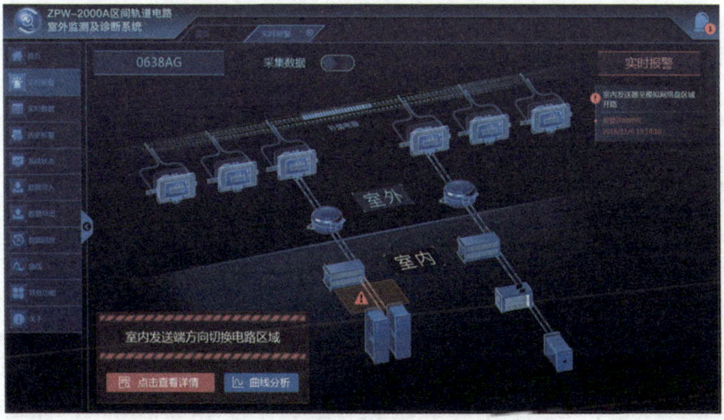

图4-15　实时报警示意图

可点击部分包括：采集数据开关、报警框、点击查看详情按钮和曲线分析按钮。点击采集数据时，在页面中各个位置显示该处模拟量名称与数值，如图4-16所示。

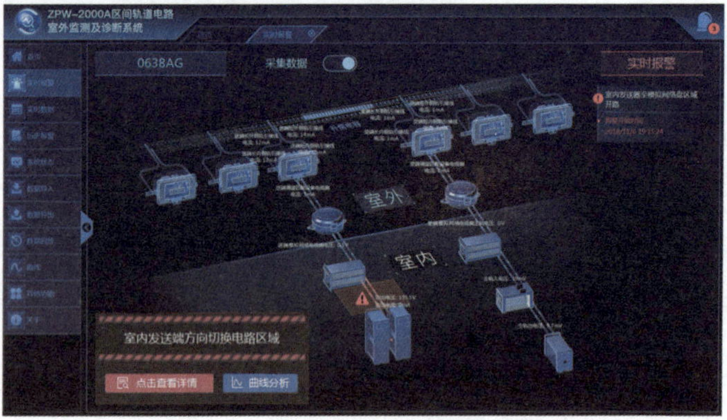

图4-16　实时报警采集数据示意图

点击报警框与点击查看详情按钮效果一样，弹出下一级报警界面，界面中包含实物图、原理图以及建议检查项，可点击按钮曲线分析，并在原理图中标示出建议检查的位置，界面如图4-17所示。

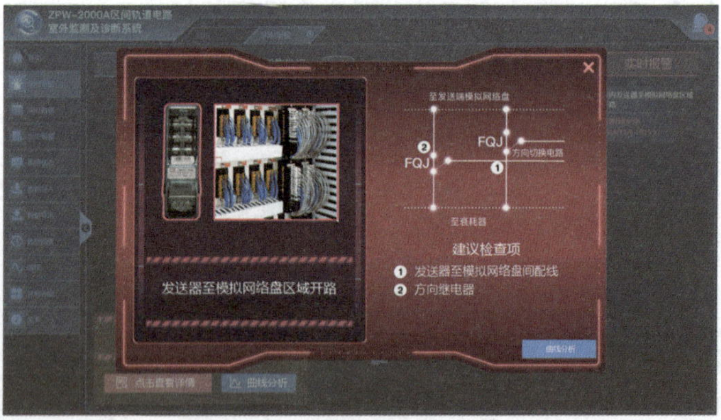

图4-17　报警弹窗图示意图

选择“曲线分析”按钮，弹出报警时刻前5 min至报警时刻后5 min的区段主轨状态、接收入口主轨电压、载频和低频信息曲线。

报警恢复后，红色报警框变为蓝色，报警标识变为报警恢复标识。

四、实时数据

实时数据用于显示轨道电路的实时值列表，界面如图4-18所示。

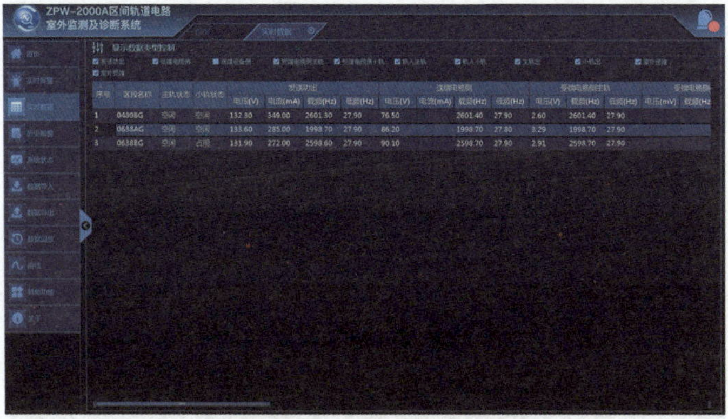

图4-18　实时数据界面示意图

可以通过勾选显示类型选择显示或不显示某种类型的数据，如图4-19所示。

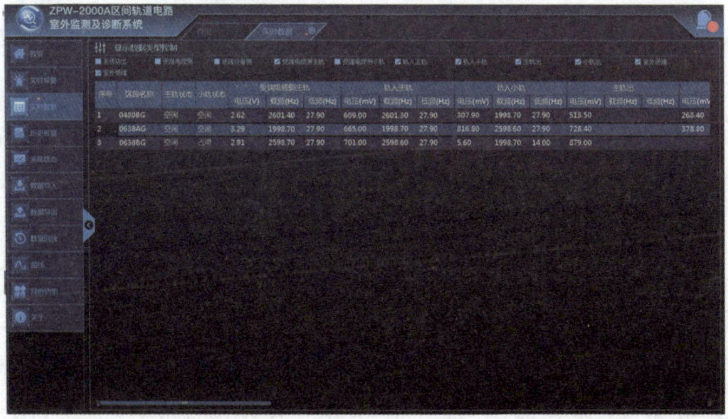

图4-19　实时数据界面示意图

五、历史报警

选择查询起始时间和结束时间，点击“刷新”按钮，可显示该时间段内的报警位信息列表，包含的信息有区段名称、故障类型、二级报警定位区域、三级定位区域、开始时间和结束时间等信息等，如图4-20所示。

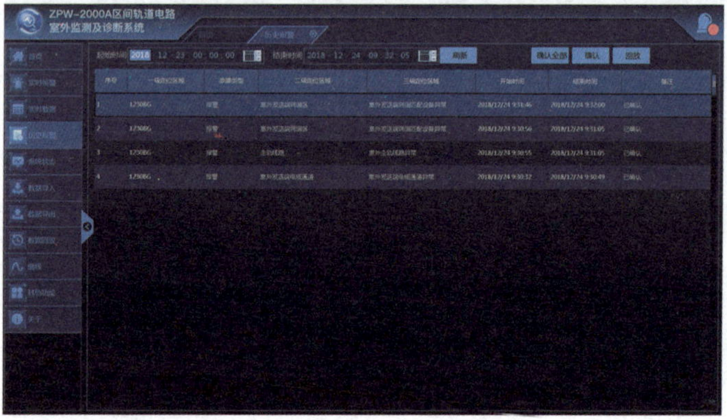

图4-20　历史报警界面示意图

选择某一条报警信息后，可点击“确认”按钮，表示已阅读该信息，如果出现多条未阅读信息，所有信息阅读后，可点击“确认”全部按钮，则所有信息均已确认。选择某条信息后，点击回放按钮，可自动跳到数据回放界面，回放该报警信息前后1 min时间段内的数据，双击该信息显示二级报警页面，其他操作同二级报警页。

六、系统状态

系统状态界面中显示系统各个设备以及设备间连线的当前状态，如果设备正常设备名称框为蓝色，设备间通信正常则连线为蓝色，否则为红色，界面如图4-21所示。

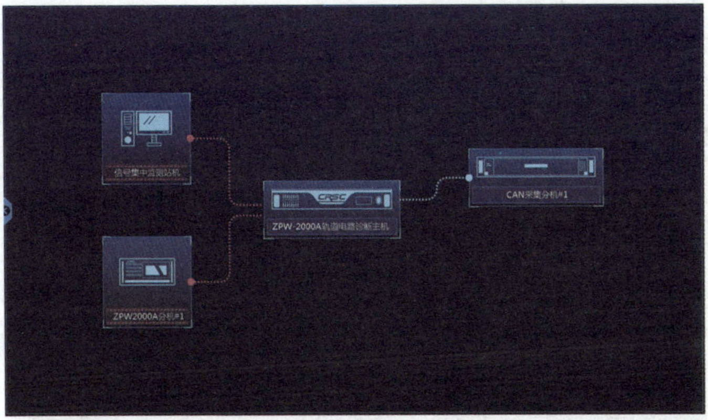

图4-21　系统状态界面示意图

七、数据导入

数据导入功能将导出的数据导入到管理终端上进行数据分析如图4-22所示。

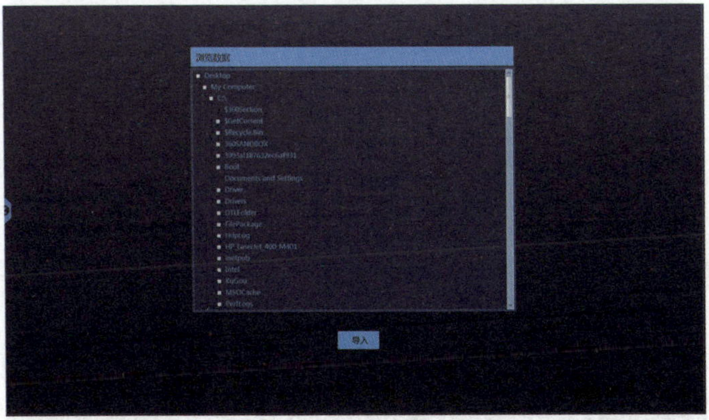

图4-22　数据导入界面示意图

八、数据导出

数据导出功能首先选择导出数据的时间范围和保存的文件目录，将数据库中保存的数据导出到所选目录中，如图4-23所示。

图4-23 数据导出界面示意图

九、数据回放

数据回放用于历史信息再现，可显示当前回放的时间、站场图和回放数据，当出现报警时，自动跳到回放报警界面，可查看报警详细信息，界面如图4-24所示。

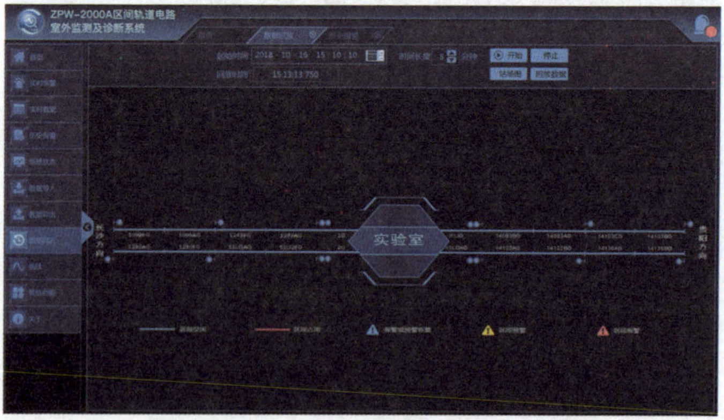

图4-24 数据回放界面示意图

先进行历史数据导入，在数据回放界面选择回放的起始时间和时间长度，点击开始按钮进行报警信息再现，点击“暂停”查看该时间点其他信息，可点击“继续”，点击“停止”将结束回放。

十、曲线

轨道电路数据曲线用来查看某一时间段状态和模拟量的变化趋势。界面如图4-25所示。

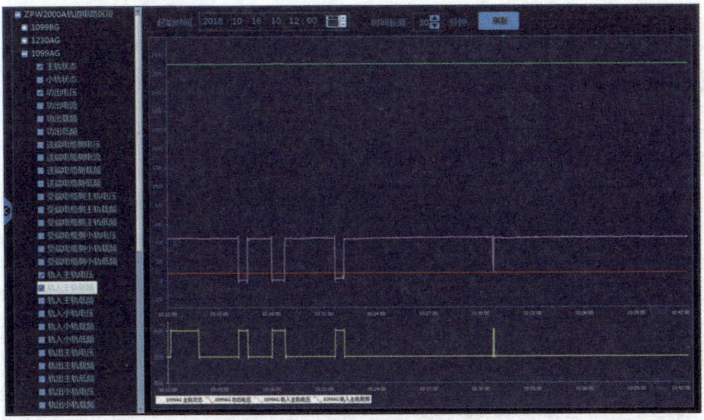

图4-25　曲线界面示意图

其操作使用方法如下：

（1）选择数据曲线起始时间、曲线持续时间长度和要显示的模拟量，点击刷新按钮后，在窗口上方显示所选量所在时间段的曲线。

（2）在某一条曲线上按下鼠标右键，向右移动鼠标，放开鼠标右键可以局部放大曲线，如图4-26所示。

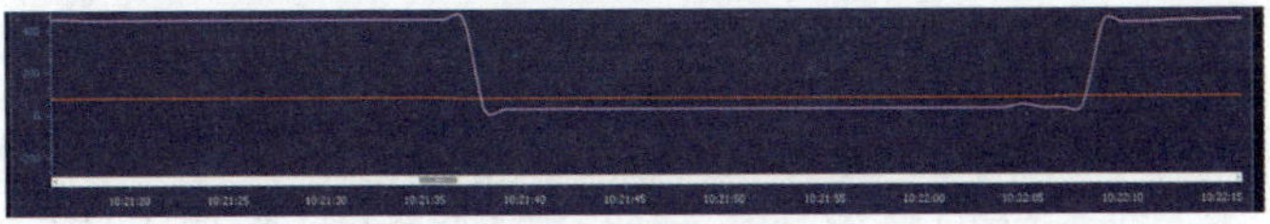

图4-26　曲线放大示意图

（3）放大后移动滚动条中的滑块可以查看前段时间或后段时间的曲线。

（4）在某一条曲线上按下鼠标右键，向左移动鼠标，放开鼠标右键可以恢复曲线至初始大小。

十一、其他功能

其他功能中包括数据分析和手工分析功能。

十二、数据分析

轨道电路数据曲线用来查看某一时间段状态和模拟量的变化趋势。界面如图4-27所示。

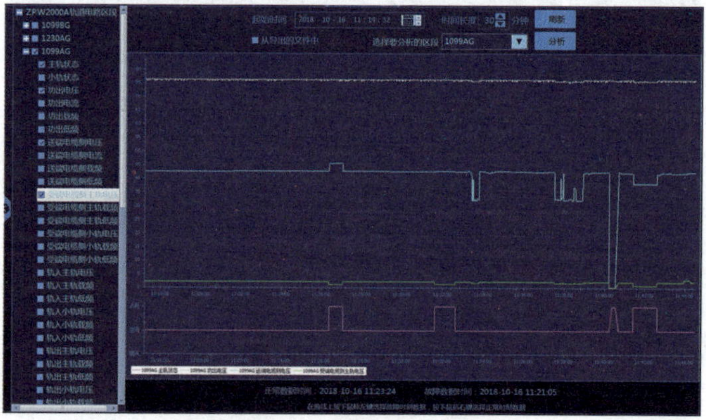

图4-27　曲线查看示意图

（1）选择数据曲线起始时间、曲线持续时间长度、要显示的模拟量和要分析的区段，按刷新按钮后，在窗口上方显示所选量所在时间段的曲线。

（2）选择“从导出的文件中分析”后，选择导出的数据目录，将从导出的文件中读取数据显示曲线，否则从本地数据中读取数据显示曲线。

（3）在某一条曲线上按下鼠标右键，向右移动鼠标，放开鼠标右键可以局部放大曲线，如图4-26所示。

（4）移动滚动条中的滑块可以查看前段时间或后段时间的曲线。

（5）在某一条曲线上按下鼠标右键，向左移动鼠标，放开鼠标右键可以恢复曲线至初始大小。

（6）在某一条曲线上选择故障数据时刻，按下鼠标右键，选择“该点数据设置为故障数据”菜单，则将该点时刻数据作为故障数据进行分析；在某一条曲线上选择正常数据时刻，按下鼠标右键，选择“该点数据设置为正常数据”菜单，则将该点时刻数据作为正常数据进行分析。点击“分析”按钮，如图4-28所示。

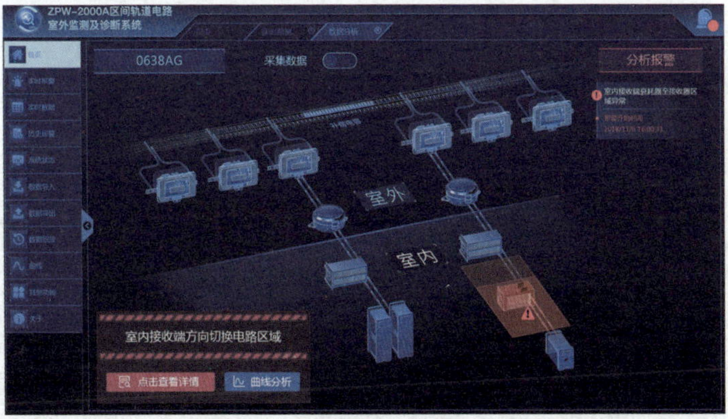

图4-28　数据分析结果示意图

（7）分析按钮将已选择的故障数据和正常数据进行数据分析。当选择的故障数据或正常数据有问题时，提示“无法启动智能诊断逻辑，请重新设定故障点和正常点”，如图4-29所示。

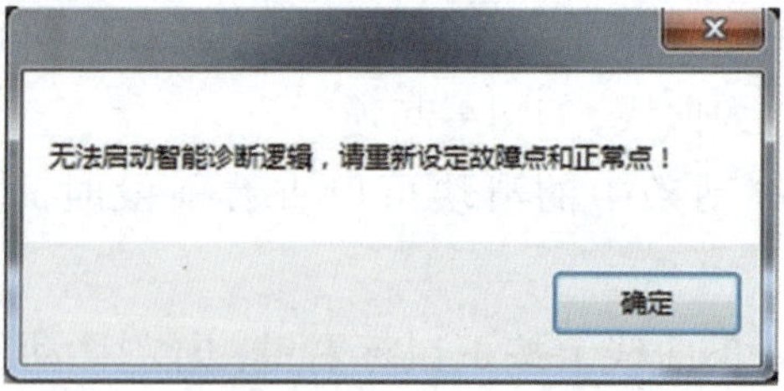

图4-29 误操作提示示意图

十三、手工分析

手动输入待分析区段（区段序号2）及前区段（区段序号1）和后区段（区段序号3）的相关数据，然后点击分析按钮，自动显示分析结果。

十四、关于

关于：显示系统版本信息。如图4-30所示。

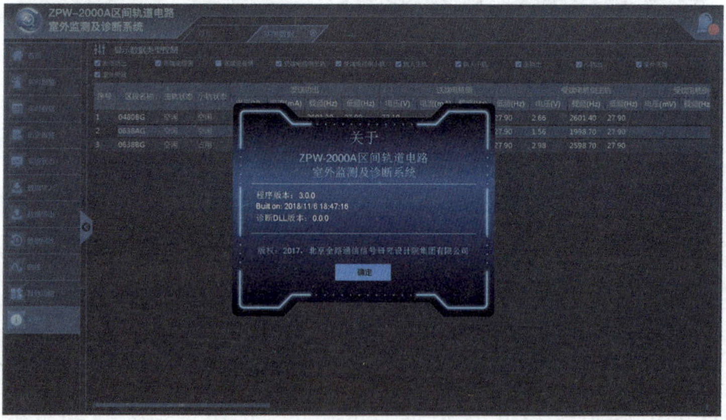

图4-30 关于界面示意图

第五章　ZPW-2000A 型轨道电路系统维护

本章作为学习参考之用，具体规章制度、操作方法，以各铁路局发布文件为准。

第一节　维护内容

继电编码ZPW-2000A、通信编码ZPW-2000A型轨道电路系统日常预防维护与集中维修的内容和周期见表5-1、表5-2。

表5-1　继电编码ZPW-2000A型轨道电路维护汇总表

设备名称	修程	工作内容	维护标准	周期
室外轨道电路设备	日常维护	1. 送、受电端及空芯线圈钢包铜引接线	完好	每月一次
		2. 检查补偿电容及卡具	完好	
		3. 防护盒外观及加锁	完好	
		4. 检查钢轨接续线 缺损的接续线	完好 补齐	
		5. 轨道电路设备外观	无受外界干扰，钢轨无不正常接地点	
	集中检修	1. 同日常维护内容		每季一次
		2. 检查钢包铜引接线的安装及固定是否符合要求，不良整治	（1）引接线冷压铜端头压接良好（或轨道端塞钉头，线头连接良好）； （2）塞钉帽与钢轨紧密接触； （3）铜端头平面侧朝向轨腰并与塞钉紧密固定，塞钉两端为防松铜螺帽；钢轨两侧的铜端头应朝向一致且与轨面水平，在离塞钉15 cm左右引接线用卡具固定且向下弯曲，并与水平成45°～60°；机械绝缘节处的塞钉为加长塞钉，两铜端头应背靠背安装或顺向（两铜端头离开一定角度）；	

续上表

设备名称	修程	工作内容	维护标准	周期
室外轨道电路设备	集中检修		（4）引接线采用专用轨枕卡具或水泥方枕固定，靠轨枕侧，走线平直，略低于道心轨枕面。外轨侧的两引接线应并行平直走线，用尼龙拉扣等间距绑扎。在钢包铜线引入防护盒的分支处用水泥方枕固定	
		3. 检查塞钉头上的固定螺帽是否松动，塞钉头与轨面间接触电阻是否超标，冷压铜端头根部是否有裂纹，不良整治或更换。塞钉涂油良好	塞钉头螺帽紧固，塞钉头与轨面间电阻≤1 mΩ，双头塞钉每年测一次，塞钉涂黄油	
		4. 防护盒开盖检查、内部清扫、端子螺丝紧固、不良设备整修，电缆固定牢固	（1）调谐单元、匹配变压器、空芯线圈固定良好； （2）各部螺丝紧固，无锈蚀，备帽齐全，中止漆完好； （3）匹配变压器与调谐单元的连线采用7.4 mm^2的铜缆，线头两端采用ϕ6 mm的铜端头冷压连接，不松动；长度：电器绝缘节处分别为250 mm、500 mm，机械绝缘节处为两根2 700 mm，并用软管防护； （4）防雷单元劣化指示窗正常为绿色，变红说明已失效需更换	
		5. 检查补偿电容的安装和固定是否符合要求，不良整治	（1）补偿电容应装在靠轨枕边的两端牢固固定于钢轨上的支架内（或专用轨枕护板内）； （2）连接电容引接线的塞钉，应从钢轨外侧打入，与塞钉孔紧密接触，塞钉头露出轨腰1～4 mm并用油漆封堵； （3）两塞钉头引线应朝下与水平成45°～60°夹角，且方向一致； （4）塞钉头引接线的卡具应安装牢固，在离塞钉头15 cm左右将引线压于钢轨底部的上斜面	
		6. 电容引线	断股<1/5	
		7. 钢轨接续线	（1）塞钉式导接线安装平直并贴于夹板的上沿面，无缺损、断股；塞钉头露出轨腰1～4 mm，用油漆封堵； （2）胀钉式导接线塞钉头螺帽紧固，涂油良好；塞钉头引线朝夹板方向，并向下与水平成45°～60°夹角	

续上表

设备名称	修程	工作内容	维护标准	周期
室外轨道电路设备	集中检修	8. 轨道电路送受电端调谐区设备电气特性在线测试并记录	见表5-10	一年一次
室外轨道电路设备	集中检修	9. 补偿电容电流特性在线测试并记录	见表5-10	一年一次
室外轨道电路设备	集中检修	10. 对轨道电路分路残压测试	（配合工务清筛道床时需加测）	半年
室外轨道电路设备	集中检修	11. 防护盒防水整修；设备基础桩油漆、扶正；硬面化修补		每年一次
室外轨道电路设备	集中检修	12. 对防护盒上字迹不清的名称及电容防护罩上字迹不清的编号用白色调和漆重新刷写	名称、编号采用直体字，防护盒上的规格为30 mm×20 mm	每年一次
室外轨道电路设备	集中检修	13. 各箱盒地线测试，不良整治	地线电阻>1 Ω（无贯通地线>10 Ω）	每年一次
室外轨道电路设备	集中检修	14. 检查横向连接线、吸上线及贯通地线	连接接触良好	每年一次
室外轨道电路设备	集中检修	15. 交流75 V、交流385 V、防雷元件	良好	每年一次
室外轨道电路设备	集中检修	16. 防护盒界限测量	（1）防护盒顶距轨面≤200 mm； （2）防护盒内侧边缘距最近钢轨外沿≥1 500 mm	每年一次
室外轨道电路设备	集中检修	17. 线路道床检查	（1）全程钢轨扣件的绝缘完整，发现损坏及缺少应做记录，并向工务部门反映； （2）全程钢轨轨底不与石砟相碰； （3）隧道内轨枕及宽轨枕板表面不得有浮土覆盖，更不得有泥土板结； （4）工务大修清筛道床后，严格防止石砟在钢轨边堆积，不得与钢轨相碰； （5）护轮轨不得经扣件与基本轨相通	半年一次

续上表

设备名称	修程	工作内容	维护标准	周期
室外轨道电路设备		18. 空扼流、禁停标外观检查	空扼流移频阻抗应大于或等于17 Ω；回流不平衡系数≤10%；引线完整；螺栓不发热	
		19. 轨入电压（U_{V1V1}）的分析	在正常晴好干燥及冬季冰冻条件下，若发现轨入电压值明显小于调整表数值时，应进行原因分析，消除轨道电路病害；对于固定的因素，必要时可在电务段技术室指导下，修正接收电平级	
		20. 两钢轨对地电位的平衡	对称程度满足0.9以上（严防第三轨）	
		21. 雨天对道砟电阻（R_d）的记录及分析	设备正常条件下，根据下雨情况了解全线各段轨道电路道砟电阻（R_d）情况，为工务整治提供依据	
		22. 检查电缆防护	（1）贯通地线不得与其他信号电缆相碰； （2）桥梁及隧道端部信号电缆需与空气隔绝，并不得与其他金属件相碰；	
	注意事项	轨道电路严格按照“调整表”进行调整，当因外部条件做二次调整时，应明确注明原因（如线路石砟碰轨底；轨枕板面泥土淤积受潮连电；制动铁屑受潮连电……），并通过查R_d与$U_{轨入}$关系曲线，登记最小等效道砟漏泄电阻值，并上报		
室内轨道电路设备	日常维护	1. 检查发送器、接收器、衰耗器无过热现象	正常	每日一次
		2. 检查衰耗盒上各工作指示灯工作正常；模拟网络防雷元件劣化窗显示绿色	完好	
		3. 室内轨道电路电压日常测试	轨道电路调整表	
		4. 其他室内设备	同室内设备要求一致	
		5. 机房环境	室内温度：15℃～30℃；相对湿度：10%～75%（设备可靠工作环境温度：-5℃～40℃；相对湿度：不大于95%）	

续上表

设备名称	修程	工作内容	维护标准	周期
室内轨道电路设备	集中维修	1. 同日常维护内容		每年一次
		2. 检查贯通地线，不良整修	地线电阻≤1 Ω	
		3. 发送器转换至备发送器试验	逐一关闭发送器，能正常转换至备发送器工作，设备正常	
		4. 接收器单独工作试验	逐一关闭接收器，另一并联接收器能单独工作，设备正常	
		5. 模拟网络盒电气参数在线测试并记录	见表5-9	半年
		6. 轨道电路发送功出及发送接收电源测试并记录	见表5-10	每月
		7. 电缆绝缘测试。每月1次，雨天加测	数字电缆与普通电缆的全程绝缘均大于1 MΩ	

表5-2 通信编码ZPW-2000A轨道电路维护汇总表

设备名称	修程	工作内容	标准	周期
室外轨道电路设备	日常维护	调谐区设备、补偿电容	检查调谐匹配单元、空芯线圈及引接线及附加线完好； 检查调谐区标志、禁停标良好； 检查补偿电容及卡具完好； 检查各部螺栓不松动，螺栓及设备锁注油	站内2月1次 区间半年1次
		连接线、钢轨绝缘	检查钢轨绝缘外观良好，轨缝标准，扣件与钢轨接头夹板（鱼尾板）无封连； 检查各种引接线、接续线、跳线、横向连接完好，防混固定良好；吸上线与信号设备连接端子紧固； 引接线防护罩固定良好； 检查各部螺栓不松动并注油	

续上表

设备名称	修程	工作内容	标准	周期
室外轨道电路设备	日常维护	电缆线路	电缆径路外观检查(各种电缆埋设标、警示牌,过桥、过涵电缆防护、施工及其他外界干扰等); 检查电缆埋设标、警示牌是否齐全完好; 电缆沟(槽、井)封堵检查; 贯通地线外观埋设情况检查	
		箱盒及其他	检查箱盒、基础无破损、裂纹,加锁装置良好; 外部安装螺栓检查紧固并注油; 基础面、箱盒外部清扫,标示清晰	
	集中维修	调谐区设备、补偿电容、防雷元件	检查补偿电容安装及固定符合要求,不良整治; 调谐区标志、禁停标检查、整修; 检查补偿电容引接线断股不超标,不良更换; 调谐区电气特性测试; 补偿电容、地线测试; 防雷元件特性测试	每年1次
		连接线、钢轨绝缘	检查钢包铜引接线、各种连接线的安装及固定符合要求,不良整治; 连接线塞钉头与钢轨接触电阻不超标; 各种引接线除锈、涂油、整修; 钢轨绝缘测试	
		电缆线路	按规定周期进行电缆全程对地测试; 电缆沟(槽、井)检查; 配合检查、试验光缆线路; 补齐电缆埋设标及警示牌	
		箱盒及其他设备	检查箱盒、基础有无破损、裂纹,加锁装置良好,箱盒防尘、防潮良好; 外部安装螺栓检查紧固并注油; 基础面、箱盒外部清扫,标示清晰; 检查、核对各种标牌、图表齐全正确,电缆贯通端子标志清晰;箱盒内部设备、器材固定良好,且工作正常,配线端子紧固、不松动; 箱盒开盖检查、内部清扫、端子螺丝紧固、不良设备整修;电缆固定牢固; 检查、测试各部绝缘,不良更换; 限界测量	

续上表

设备名称	修程	工作内容	标准	周期
室内轨道电路设备	同继电编码ZPW-2000A型轨道电路	同继电编码ZPW-2000A型轨道电路	同继电编码ZPW-2000A型轨道电路	同继电编码ZPW-2000A型轨道电路

第二节　日常预防性维护的材料清单

日常预防性维护的材料清单见表5-3，表5-4。

表5-3　继电编码ZPW-2000A型轨道电路日常预防性维护材料清单

设备类型	安装地点	设备材料名称	配置数量
继电编码ZPW-2000A轨道电路	室内	ZPW·F发送器	每车站/中继站/线路所各1台
		ZPW·J接收器	每车站/中继站/线路所各1台
		ZPW·S(C)(采集)衰耗器	每车站/中继站/线路所各1台
		ZPW·ML防雷模拟网络盘	每车站/中继站/线路所各1台
	室外	ZPW·BPL匹配变压器	每车站/中继站/线路所各型号各1台
		ZPW·T(四种频率)调谐单元	每车站所包含各型号各1台
		ZPW·XK空芯线圈	每车站/中继站/线路所各1台
		ZPW·XKJ(四种频率)机械绝缘节空芯线圈	每车站/中继站/线路所各1台
		ZPW·CBG/ZPW·CBG-M(四种型号)补偿电容器	每车站/中继站/线路所各3台
		ZPW·ULG/ZPW·ULG1匹配防雷单元	每车站/中继站/线路所各3台
		ZPW·BE-空扼流	每车站/中继站/线路所各1台
	测试仪表	CD96-3移频测试仪	每车站/中继站/线路所各1台，车间3台

表5-4 通信编码ZPW-2000A日常维护材料清单

设备类型	安装地点	设备材料名称	配置数量
通信编码ZPW-2000A轨道电路	室内	ZPW·F-K发送器	每车站/中继站/线路所各1台
		ZPW·J-K接收器	每车站/中继站/线路所各1台
		ZPW·RS-K 衰耗冗余控制器	每车站/中继站/线路所各1台
		ZPW·ML-K 无绝缘防雷模拟网络	每车站/中继站/线路所各1台
		ZPW·CE(2)分线采集器	每车站/中继站/线路所各1台
	室外	ZPW·PT(四种频率) 无绝缘调谐匹配单元	每车站/中继站/线路所各型号各1台
		ZPW·XKJD(四种频率) 机械空芯线圈	每车站所包含各型号各1台
		ZPW·XKD电气空芯线圈	每车站/中继站/线路所各1台
		适配器(两种型号) QSP6(K)	每车站/中继站/线路所各1台
		ZPW·ULG匹配防雷单元	每车站/中继站/线路所各3台
		ZPW·ULG2匹配防雷单元	每车站/中继站/线路所各3台
		ZPW·CBGM补偿电容器	每车站/中继站/线路所各3台
		ZPW·BPLN 站内防雷匹配变压器	每车站/线路所各1台
		ZPW·BE(K)-1000空扼流	每车站/中继站/线路所各1台
		ZPW·BES(K)-1000 站内扼流变压器	每车站/线路所各1台
	测试仪表	CD96-3移频测试仪	每车站/中继站/线路所各1台，车间3台

第三节　设备在线测试指标及方法

一、室内设备在线测试指标

（一）发送器

1.发送器使用性能

（1）电源电压要求：DC 23～25 V，不间断供电。

（2）输出功率：400 Ω负载时，功出为1电平情况下，输出功率70 W。

（3）耗电电流：在负载400 Ω，功出为1电平情况下，电流不大于DC 5.8 A。

（4）低频频率（F_c）：29 Hz、27.9 Hz、26.8 Hz、25.7 Hz、24.6 Hz、23.5 Hz、22.4 Hz、21.3 Hz、20.2 Hz、19.1 Hz、18 Hz、16.9 Hz、15.8 Hz、14.7 Hz、13.6 Hz、12.5 Hz、11.4 Hz、10.3 Hz。

（5）载频频率：

下行：1 701.4 Hz（简称：1700-1）；
1 689.7 Hz（简称：1700-2）；
2 301.4 Hz（简称：2300-1）；
2 298.7 Hz（简称：2300-2）；
上行：2 001.4 Hz（简称：2000-1）；
1 998.7 Hz（简称：2000-2）；
2 601.4 Hz（简称：2600-1）；
2 598.7 Hz（简称：2600-2）。

（6）频偏：±11 Hz。

2.发送器技术指标（表5-5）

表5-5　发送器技术指标

序号	项目		指标及范围	备注
1	低频频率		$F_c \pm 0.03$ Hz	F_c为10.3应标单位$+n \times 1.1$ Hz
2	载频频率	1700-1	1 701.4 Hz ± 0.15 Hz	
		1700-2	1 698.7 Hz ± 0.15 Hz	
		2000-1	2 001.4 Hz ± 0.15 Hz	
		2000-2	1 998.7 Hz ± 0.15 Hz	
		2300-1	2 301.4 Hz ± 0.15 Hz	
		2300-2	2 298.7 Hz ± 0.15 Hz	
		2600-1	2 601.4 Hz ± 0.15 Hz	
		2600-2	2 598.7 Hz ± 0.15 Hz	
3	功出电压	1电平	161.0 ～170.0 V	直流电源电压为24 V ± 0.1 V，电阻负载为400 Ω，F_c=20.2 Hz
		2电平	146.0 ～154.0 V	
		3电平	128.0 ～135.0 V	
		4电平	104.5 ～110.5 V	
		5电平	75.0 ～79.5 V	
4	通信冗余功能	CAND关闭，CANE正常	载频、低频、功出电压、报警输出电压符合本表1、2、3、7项	
		CAND正常，CANE关闭		
5	通信中断功能	CAND、CANE同时关闭	输出电压、报警输出电压均小于1 V	设置为主发送器时测试
			载频、低频、功出电压、报警输出电压符合本表1、2、3、7项	设置为备发送器时测试
6	CAN地址设置功能检查		载频、低频、功出电压、报警继电器电压符合本表1、2、3、7项	
7	报警继电器电压		≥20 V	直流电源电压为24 V ± 0.1 V JWXC-1700型继电器
8	绝缘电阻		≥200 MΩ	DC 500 V
9	绝缘耐压		设备无闪络现象	AC 1 000 V、50 Hz、时间1 min

（二）接收器

1. 接收器使用性能

（1）电源电压：DC 23 ～25 V，不间断供电。

（2）耗电电流：正常工作时，电流不大于DC0.6 A。

（3）可驱动JWXC-1700型继电器。

2. 接收器技术指标（表5-6）

表5-6　接收器技术指标

序号	项目		指标及范围	备注
1	主轨道接收	吸起门限	200 ～210 mV	直流电源电压为24 V ± 0.1 V，JWXC-1700型继电器
		落下门限	≥170 mV	
		继电器电压	≥20 V	
		吸起延时	2.3 ～2.8 s	
		落下延时	≤2 s	
2	小轨道接收	吸起门限	70 ～80 mV	电源电压为24 V ± 0.1 V
		落下门限	≥63 mV	
		吸起延时	2.3 ～2.8 s	
		落下延时	≤2 s	
3	通信冗余功能	CAND关闭、CANE正常	主、并机继电器吸起	满足8种载频、18种低频
		CANE关闭、CAND正常		
		CAND、CANE关闭		
4	CAN地址设置检查	主机工作	主机继电器吸起	
		并机工作	并机继电器吸起	
5	绝缘电阻		≥200 MΩ	DC 500 V
6	绝缘耐压		设备无闪络现象	AC 500 V、50 Hz、时间1 min

（三）轨道电路通信接口板技术性能指标

1.轨道电路通信接口板使用性能

（1）电源电压：DC 23 ～25 V，不间断供电。

（2）耗电电流：正常工作时，电流不大于DC 0.4 A。

（3）接口板的带载能力：10套轨道电路设备（共60个CAN通信节点）。

（4）CAN通信速率：

CANA、CANB：1 Mbit/s；

CANC：1 Mbit/s或500 kbit/s（可选）；

CAND、CANE：250 kbit/s。

（5）CAN通信介质：屏蔽双绞线。

2.轨道电路通信接口板技术指标（表5-7）

表5-7 轨道电路通信接口板技术指标

序号	项目		测试方法	测试判断
1	通信冗余功能检查	测试CANA、CAND通道	CANA接收编码信息，CAND转发编码信息；CAND接收状态信息，CANA转发状态信息	接收和转发的编码信息相同，接收和转发的状态信息相同
		测试CANB、CANE通道	CANB接收编码信息，CANE转发编码信息；CANE接收状态信息，CANB转发状态信息	接收和转发的编码信息相同，接收和转发的状态信息相同
2	主通信盘转发编码信息功能检查	测试CANA、CAND通道转发编码信息功能	CANA接收编码信息，CAND转发编码信息	接收和转发的编码信息相同
		测试CANB、CANE通道转发编码信息功能	CANB接收编码信息，CANE转发编码信息	接收和转发的编码信息相同

续上表

序号	项目		测试方法	测试判断
3	主通信盘转发状态功能检查	测试CANA、CAND通道转发状态信息功能	CAND接收状态信息，CANA转发状态信息	接收和转发的状态信息相同
		测试CANB、CANE通道转发状态信息功能	CANB接收状态信息，CANE转发状态信息	接收和转发的状态信息相同
4	主通信盘转发监测信息功能检查	测试CAND、CANC通道转发监测信息功能	CAND接收监测信息，CANC转发监测信息	接收和转发监测信息相同
		测试CANE、CANC通道转发监测信息功能	CANE接收监测信息，CANC转发监测信息	接收和转发监测信息相同
5	主通信板CAN地址功能检查	主通信板地址设置	改变通信板不同的柜号、槽号并通过CANA、CANB接收编码信息	接收和转发的编码信息相同，且编码信息与柜号、槽号对应

（四）衰耗器

衰耗器指标见表5-8。

表5-8 衰耗器在线测试指标

序号	测试内容	技术指标		测试插孔	测试周期	备注
1	发送电源(V)	DC 24±1		发送电源	开通后一个月测试存档，此后按需要加测	
2	功出电压(V)	1电平	166～178	功出电压		选频表选频挡测
		2电平	146～162			
		3电平	127～142			
		4电平	103～115			
		5电平	73～82			
3	接收电源(V)	DC 24±1		接收电源		

续上表

<table>
<tr><th>序号</th><th>测试内容</th><th>技术指标</th><th>测试插孔</th><th>测试周期</th><th>备注</th></tr>
<tr><td rowspan="2">4</td><td rowspan="2">衰耗器轨道
输入电压(mV)</td><td>主轨见调整表</td><td rowspan="2">轨入</td><td rowspan="9">开通后一个月测试存档，此后按需要加测</td><td rowspan="2"></td></tr>
<tr><td>继电编码小轨≥42
通信编码小轨≥59</td></tr>
<tr><td rowspan="2">5</td><td rowspan="2">主轨道输出电压(mV)</td><td>调整AC≥240</td><td rowspan="2">主轨出</td><td></td></tr>
<tr><td>分路AC≤140</td><td></td></tr>
<tr><td rowspan="2">6</td><td rowspan="2">小轨道输出电压(mV)</td><td>继电编码1：105～115</td><td rowspan="2">小轨出</td><td>分路死区5 m</td></tr>
<tr><td>继电编码2：130～140
通信编码：150±10</td><td></td></tr>
<tr><td>7</td><td>主机轨道继电器电压（V）</td><td>DC≥20</td><td>GJ（Z）</td><td></td></tr>
<tr><td>8</td><td>并机轨道继电器电压（V）</td><td>DC≥20</td><td>GJ（B）</td><td></td></tr>
<tr><td>9</td><td>轨道继电器电压（V）</td><td>DC≥24</td><td>GJ</td><td></td></tr>
</table>

（五）防雷模拟网络

站内防雷模拟网络在线测试指标见表5-9。

表5-9 模拟网络在线测试指标

<table>
<tr><th>序号</th><th colspan="3">测试内容</th><th colspan="2">技术指标</th><th>测试点</th><th>测试周期</th><th>备注</th></tr>
<tr><td rowspan="8">1</td><td rowspan="3">发送端电缆模拟网络电压(V)</td><td colspan="2">室内设备侧</td><td colspan="2">与发送器功出电压同</td><td>设备（电缆模拟网络）</td><td rowspan="8">开通后一个月测试存档，此后按需要加测</td><td></td></tr>
<tr><td colspan="2">防雷变压器</td><td colspan="2">≈“设备”电压</td><td>防雷（电缆模拟网络）</td><td></td></tr>
<tr><td colspan="2">室外电缆侧</td><td colspan="2">≤设备电压</td><td>电缆（电缆模拟网络）</td><td></td></tr>
<tr><td rowspan="5">输入阻抗(Ω)</td><td rowspan="5">设备侧</td><td>频率（Hz）</td><td>最大值</td><td>最小值</td><td rowspan="5">设备入口测电压电流</td><td rowspan="5">实为防雷变压器+模拟网络+电缆等阻抗</td></tr>
<tr><td>1 700</td><td>453.8</td><td>500.4</td></tr>
<tr><td>2 000</td><td>448.7</td><td>502.9</td></tr>
<tr><td>2 300</td><td>426.4</td><td>477.2</td></tr>
<tr><td>2 600</td><td>391.7</td><td>444.6</td></tr>
</table>

续上表

<table>
<tr><th>序号</th><th colspan="3">测试内容</th><th colspan="3">技术指标</th><th>测试点</th><th>测试周期</th><th>备注</th></tr>
<tr><td rowspan="9">2</td><td rowspan="3">接收端电缆模拟网络电压(V)</td><td colspan="2">室内设备侧</td><td colspan="3">与衰耗输入电压同</td><td>设备(电缆模拟网络)</td><td></td><td></td></tr>
<tr><td colspan="2">防雷变压器</td><td colspan="3">>“设备”电压</td><td>防雷(电缆模拟网络)</td><td></td><td></td></tr>
<tr><td colspan="2">室外电缆侧</td><td colspan="3">≥防雷变压器电压</td><td>电缆(模拟网络)</td><td></td><td></td></tr>
<tr><td rowspan="6">输入阻抗(Ω)</td><td rowspan="6">设备侧</td><td>频率(Hz)</td><td>小</td><td>中</td><td>大</td><td rowspan="6">设备入口处测电压电流</td><td></td><td rowspan="6">实为衰耗器接收轨入端阻抗</td></tr>
<tr><td>1 700</td><td>34.13</td><td>35.93</td><td>37.73</td><td></td></tr>
<tr><td>2 000</td><td>40.16</td><td>42.27</td><td>44.38</td><td></td></tr>
<tr><td>2 300</td><td>46.18</td><td>48.61</td><td>51.04</td><td></td></tr>
<tr><td>2 600</td><td>52.2</td><td>54.95</td><td>57.7</td><td></td></tr>
</table>

(六)分线采集器

分线采集器前面板设有“监测电源”指示灯、“检测状态”指示灯、“CANTX”指示灯、“CANRX”指示灯、监测电源开关、熔断器、地址选择“旋转开关”。

正常工作时“监测电源”指示灯常亮绿灯,检测状态”指示灯常亮黄灯,“CANTX”指示灯和“CANRX”指示灯每500 ms左右闪烁一次黄灯,地址选择“旋转开关”根据不同的分线采集器设置不同地址,分线采集器在每次上电前读取一次地址,上电后更改地址无效。熔断器和开关为分线采集器独立电源的开关和熔断器,当设备发生故障时不会影响供电系统。

分线采集器的地址设置:

地址选择“旋转开关”应根据所轨道电路监测维护终端数据配置中分配的地址进行选择。地址选择“旋转开关”示意如图5-1所示。“低”表示分线采集器低4位地址设置旋转开关,“高”表示分线采集器高4位地址设置旋转开关。

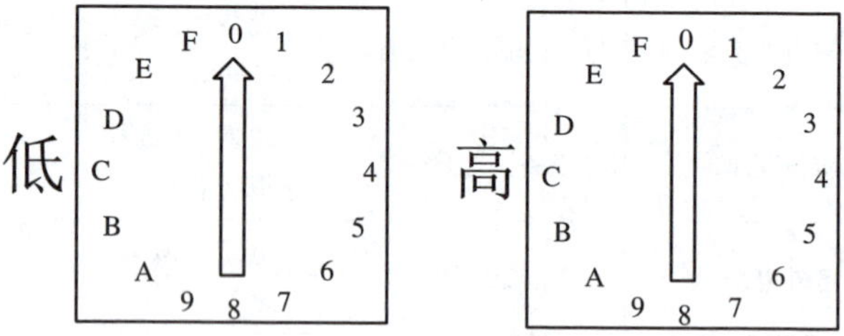

图5-1 旋转开关示意图

地址设置示例:若该分线采集器地址设置为41 H,则低位地址应设置为1,即旋转开关上的箭头指向1,高位地址设置应设置为4,即旋转开关上的箭头指向4,旋转开关设置示意如图5-2所示。

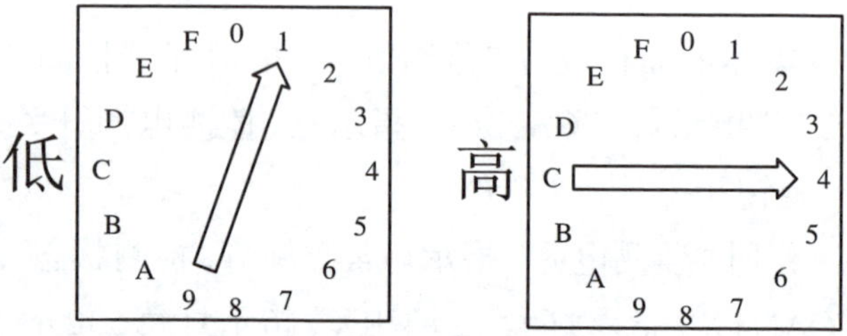

图5-2 地址41 H旋转开关设置示意图

二、室外设备在线测试指标

室外设备在线测试指标见表5-10。

表 5-10 室外设备在线测试指标

设备及条件		指标(Ω) 项目	1 700	2 000	2 300	2 600		备注
调谐单元(ZPW·T)	极阻抗	最小	0.342 3	0.396 5	0.447 6	0.493 8		调谐单元分为1 700、2 000、2 300、2 600四种类型； “调谐单元”和“匹配单元”测试周期：开通时测试一次，日常根据需要加测； 特别提示： 1. 本指标只适用于继电编码轨道电路； 2. 通信编码轨道电路匹配变压器已在调谐匹配单元(PT)内部连接，致使在线测试中的调谐单元与匹配变压器指标不能分离。测试结果为综合指标，未纳入本表。 3. 采用PT时，Z_{TE}、Z_L数据有效
		中值	0.364 4	0.424 6	0.484 2	0.542 8		
		最大	0.386 4	0.450 7	0.520 9	0.591 8		
	零阻抗	最小	0.030 4	0.034 2	0.017 6	0.022 2		
		中值	0.045 9	0.054 1	0.041 5	0.050 7		
		最大	0.061 7	0.075 3	0.065 3	0.079 1		
匹配单元(ZPW·BPL)(简称TAD)	Z_{TE}(E1、E2端TAD输入阻抗)	最小	98.5	115.3	133.3	134.4		
		最大	139.8	159.9	175.8	194.4		
	Z_L(E1、E2端电缆输入阻抗，室内为接收)	最小	466	468	472	455		
		中值	486	489	484	473		
		最大	514	520	521	507		
	Z_G(V1、V2端轨道电路输入阻抗)	最小	0.74	0.77	0.84	0.70		
		最大	1.02	1.03	1.10	1.13		
空芯线圈(XKD)(XK)		最小	0.347 4	0.408 6	0.469 8	0.531 1		测试周期：开通时测一次，日常根据需要加测
		中值	0.352 8	0.413 7	0.474 4	0.534 7		
		最大	0.369 3	0.434 2	0.499 1	0.564 1		
机械节空芯线圈(XKJD)(XKJ)		最小	0.297 5	0.348 0	0.398 1	0.448 8		测试周期：开通时测一次，日常根据需要加测，XKJD分为1 700、2 000、2 300、2 600四种类型
		中值	0.306 9	0.359 0	0.410 7	0.462 9		
		最大	0.316 4	0.369 9	0.423 2	0.477 0		
补偿电容	最小(μF)		49.5	45	41.4	36	22.5	测试周期：1年； 补偿电容分为40μF、46μF、50μF、55μF、25μF五种类型，其他60μF、70μF、80μF、90μF均按±5%偏差要求
	中值(μF)		55	50	46	40	25	
	最大(μF)		60.5	55	50.6	44	27.5	

续上表

设备及条件 \ 指标(Ω) \ 项目			1 700	2 000	2 300	2 600	备注
补偿电容	换算系数A $\left(C=\frac{i(\mathrm{A})}{u(\mathrm{V})}\times A\right)$		93.62	79.58	69.2	61.21	仅在无电容测试表条件下换算用
塞钉接触电阻不大于(mΩ)			1				测试周期:1年
绝缘轨距杆在线漏泄阻抗不小于(kΩ)			10				干燥天气条件下 测试周期:1年
分路灵敏度电阻(Ω)			继电:0.15 客专:0.25				
SPT及SPT-P电缆	全程绝缘电阻不小于(MΩ)	线对间	1				500 V在线测, 测试周期:1月
		线—地	1				

三、室外设备在线测试方法

(一)调谐单元

电气绝缘节调谐区结构如图5-3所示。

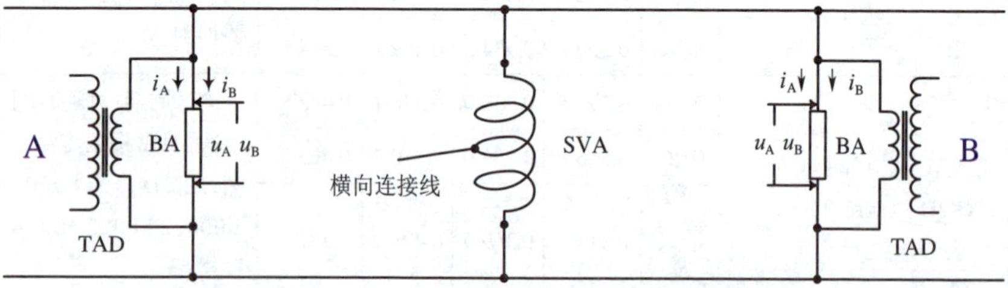

图5-3 电气绝缘节调谐区结构

(1)BA中同时存在A、B两种频率的信号。

(2)如图5-4所示i_A、i_B应在BA铜引线板与TAD连接线内方点进行测试。即仅测得BA电流,不包括TAD电流。

铜引接线板电阻甚小，u_A、u_B可直接在引线板上测试。

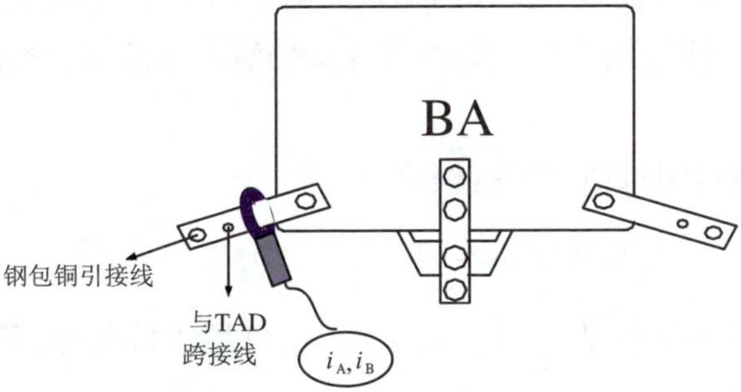

图5-4 电流测试示意图

（3）图5-3中A端测得Z_A为极阻抗，Z_B为零阻抗；B端测得为Z_A零阻抗，Z_B为极阻抗；测得阻抗值与A端、B端为发送端或接收端无关，均需测试并记录。

（4）在仪表指示稳定时测量记数。

（5）若在钢包铜引接线两端轨面测试，该值包含钢包铜引接线、TAD、BA、塞钉、铜端头及螺栓等连接的综合阻抗值，该值可判断综合故障。

（6）可采用单通道仪表，先测试同时记录i_A、i_B，再行测试同时记录u_A、u_B，经测试确认，同时显示Z_A、Z_B值。

亦可采用双通道仪表，同时采数，确认显示方法。

（7）所得阻抗值为阻抗模值，不表达角度。

（二）空芯线圈

在图5-3中：

（1）空芯线圈中，同时存在A、B两种频率信号。

（2）电流i_A、i_B，电压u_A、u_B应在空芯线圈铜引线板上进行测试。

（3）在仪表指示稳定时，测量记数。当两钢轨牵引电流不平衡并流经中心线时，带内谐波将影响测试结果。

（4）若在钢包铜引接线两端轨面测试，该值包含钢包铜引接线、空芯线圈、塞钉、铜端头及螺栓等连接的综合阻抗值，该值可判断综合故障。

（5）所得阻抗值为阻抗模值。

（三）机械绝缘节空芯线圈

（1）机械绝缘节可用于发送端，也可用于接收端，测量方法相同，如图5-5所示。

（2）在XKJD端部铜引线板测得Z_B为阻抗值。

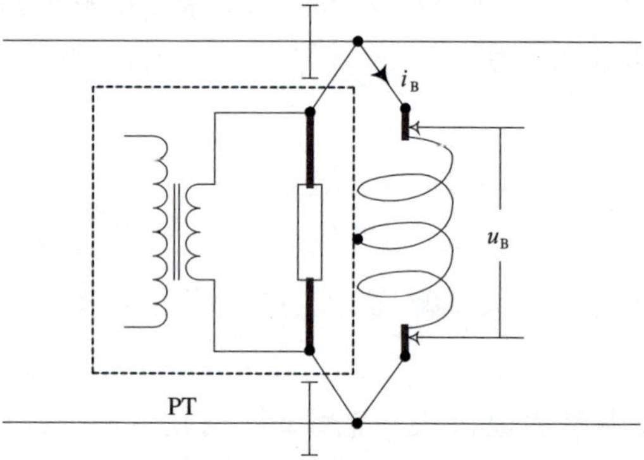

图5-5 电流测试示意图

（3）在仪表指示稳定时，测量记数。

（4）在钢包铜引接线两端轨面测试，为钢包铜引接线、XKJD、塞钉、铜端头及螺栓等连接的综合阻抗值，该值可判断综合故障。

（5）所测得阻抗值为阻抗模值。

（四）匹配变压器

（1）匹配变压器运用及阻抗定义

①一般说明：

TAD有四个引出端子，其中：E1E2与室内方向SPT电缆连接；V1V2通过BA铜引线板与室外轨道电路连接。

如图5-6所示，当室内为发送时，信号为f_A；室外为接收时，信号为f_B、f_C（主轨及小轨）

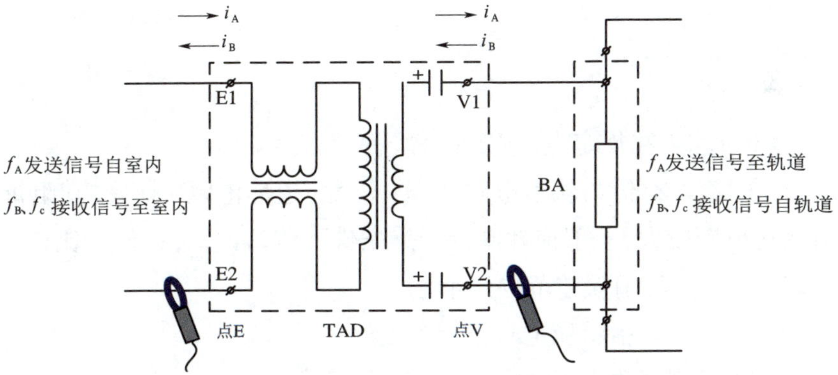

图5-6　匹配变压器在线测试方法

TAD室内侧电流及室外侧电流取自于E1、E2及V1、V2与外部连线。

②阻抗测试点及定义见表5-11。

表5-11　阻抗测试点及定义

序号	测试点	测试信号频率	
		f_A	f_B、f_C
1	E1E2	TAD E1E2端TAD在线输入阻抗Z_{TE}	TAD E1E2端SPT电缆在线输入阻抗Z_L（含Z_{LB}、Z_{LC}）
2	V1V2	TAD V1V2端轨道电路在线输入阻抗Z_G	TAD V1V2端在线输入阻抗Z_{TV}（含Z_{TVB}、Z_{TVC}）

注：Z_{TE}：E1E2端TAD在线输入阻抗；

Z_{TV}：V1V2端TAD在线输入阻抗（一般为两种频率）；

Z_L：E1E2端SPT电缆在线输入阻抗（一般为两种频率）；

Z_G：V1V2端轨道电路在线输入阻抗。

（2）$Z_{E}=\frac{u_{A}}{i_{A}}$

$Z_{TVB}=\frac{u_{B}}{i_{B}}$　$Z_{TVC}=\frac{u_{C}}{i_{C}}$

$Z_{LB}=\frac{u_{B}}{i_{B}}$　$Z_{LC}=\frac{u_{C}}{i_{C}}$

$Z_{G}=\frac{u_{A}}{i_{A}}$

（u、i均为在规定点、规定频率下的测试值。）

（3）Z_{TE}、Z_{G}值与轨道电路状态（长度、道砟电阻）有关，其阻抗值变化范围较大，一般应在晴天干燥条件下测试记录，以便于比较。

（4）Z_{TV}、Z_{L}值误差范围较小。

（5）在仪表指示稳定时，测量记数。

（6）阻抗值均为阻抗模值。

（7）对阻抗值的分析可了解设备故障情况。

（五）扼流变压器阻抗

（1）从扼流变压器的左右两端子测电压，用仪表选择相应频率记录电压；

（2）由扼流变压器引线测试电流，确认并给出阻抗值。阻抗值应不小于17 Ω；

（3）在仪表数值稳定后，测量记数；

（4）测试可采用带有选频、记录、运算功能的单通道智能仪表，亦可采用双通道仪表；

（5）在不具备必需的智能仪表时，也可采用带选频电压电流表，按计算公式求得阻抗值。

$$Z_{扼流}=\frac{U(\mathrm{V})}{i(\mathrm{A})}$$

（6）阻抗值应在两钢轨对地平衡下测试，否则将产生误差。

（六）补偿电容容值

（1）从补偿电容在钢轨安装点坐标轨面测电压，用仪表自动选择频率记录电压。

（2）由补偿电容引线测试电流，确认并给出电容值。

（3）由于引线电感对测得电容值的影响，实测电容值指标由5%扩大至10%。

（4）测试可采用带有选频、记录、运算功能的单通道智能仪表，亦可采用双通道仪表。

（5）在仪表值时稳定后，测量记数。

（6）电容引线断股及塞钉接触不良，引起损耗角变化不能用本方法检查。

（7）电流钳频率响应范围差，将造成较大测试误差，甚至错误判别。

（七）塞钉与钢轨交流接触电阻

（1）如图5-7，为取得统一测量值，测试点原则上应选取引接线根部点“A”与同线路坐标轨顶中部点“B”。为测试方便：

在假设引线与塞钉焊接良好时，可选取塞钉“点A′”和“点B”（塞钉式）；

在假设引线与铜端头接触良好时，可选取铜端头“点A”与“点B”（膨胀螺栓式）。

（2）对于双头塞钉应分别测量每个塞钉。测试标准及方法与单一塞钉相同。

（3）测量电压值时，应采用专用测试线，并使仪表距离钢轨0.6 m以上，以消除干扰。

（4）在仪表指示稳定时，测量记数。

（5）塞钉接触电阻值为交流阻抗值，与被测点间电流流向电阻及电感有关，一般2 600 Hz阻抗值最高，1 700 Hz阻抗值最低。

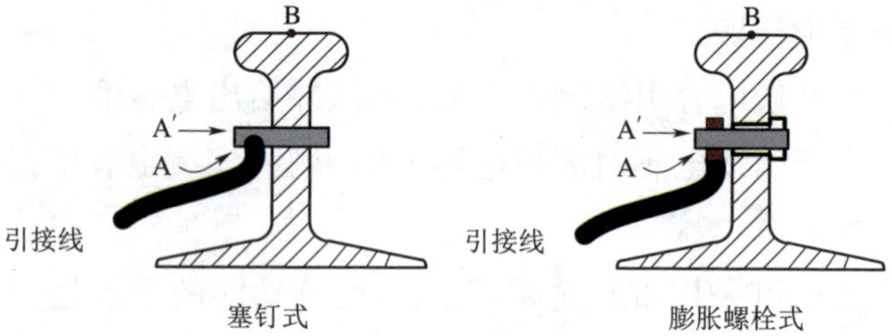

图5-7　塞钉与钢轨交流接触电阻测试示意图

（八）分路灵敏度线电阻

（1）在分路线上测分路电流i。

（2）在轨顶尽量接近分路线A、B的A′、B′点接电压表。该方式测试结果包含了分路线与钢轨的接触电阻。

（3）采用有足够压力的专用“杠杆压力分路灵敏度线”，轨面经过砂纸打磨，认为与钢轨接触电阻可忽略时可直接在杠杆两端铜头上测电压。

（4）在仪表指示稳定时测量。一般电压表在最小值（最佳接触状态）时，确认取值。

（九）绝缘轨距杆

（1）在干燥条件下，直接由电流钳测试。

（2）绝缘轨距杆绝缘材料完好条件下，电流多由表面附着赃物造成。有的也为轨距杆中间分界处，铁锈延伸连接两端造成。应简易判断剔除脏物、铁锈，并在连接处涂黄油等。

（十）双通道仪表

在线同时测试电压、电流量或读取阻抗值时，最好采用双通道仪表（如CD96-3S、CD96-3Z等），以避免分时段测试电压、电流值的计算误差。

第六章　调整参考表的正确选用

现场实际中轨道电路区段由于长短不一样、电缆长度不一样、线路类型不一样等差异存在，无法在轨道电路出厂时预先设置，因此需要在现场安装完成后，根据区段实际情况重新配置，使得轨道电路工作在一个可靠、稳定和可控的范围内。该过程即轨道电路调整，可调环节一般为发送电平、接收电平、电缆补偿。

调整参考表就是上述调整的唯一参考和依据，用于指导现场进行轨道电路的调整和维护，实现轨道电路一次调整。

调整参考表根据线路速度分为普速铁路调整参考表和高速及客专铁路调整参考表，其中高速及客专铁路调整参考表种类较多。

第一节　普速铁路调整参考表

2015年8月12日，中国铁路总公司发布了《普速铁路信号维护规则》（TG/XH 101—2015），原《铁路信号维护规则》（铁运〔2006〕127号）停止执行，新版《普速铁路信号维护规则》中取消了原规范中的ZPW-2000A轨道电路调整参考表。为了便于现场工程和维护工作，2016年4月，北京全路通信信号研究设计院集团有限公司发布了《ZPW-2000A无绝缘轨道电路调整参考表》，该表包含了道砟电阻为1 Ω · km和低道砟电阻两个部分。

（1）既有线路：参考原维规中调整参考表。

（2）新建线路：选用《ZPW-2000A无绝缘轨道电路调整参考表》，当道床条件较差时选用其中低道砟调整参考表，见表6-1。

低道砟电阻调整参考表

（电缆规定长度 10km）

表 6-1 低道砟调整参考表（样表）

载频频率 1 700 Hz 调整参考表（电缆规定长度 10 km）

序号	最低道砟电阻（Ω·km）	补偿电容（μF）	轨道电路长度（m）		补偿电容个数	接收电平级	接收端各点电压（V）						发送端点各点电压电流						发送电平级
							轨出 1		轨入		受端轨面电压		送端 V 轨面电压		功出 V 电压		功出（A）电流		
			最小	最大			最小	最大	最小	最大	最小	最大	最小	最大	最小	最大	最小	最大	
1	0.3	55	150	200	3	28	0.240	0.397	0.999	1.652	1.252	1.937	1.725	1.552	127.60	138.66	0.249	0.280	
2	0.3	55	201	250	4	31	0.240	0.446	0.885	1.647	1.110	1.932	1.777	1.902	127.59	138.85	0.251	0.277	3
3	0.3	55	251	300	5	36	0.240	0.500	0.780	1.624	0.978	1.905	1.704	2.123	127.54	138.88	0.253	0.283	3
4	0.3	55	301	350	4	43	0.240	0.606	0.645	1.628	0.809	1.910	1.809	2.174	127.60	138.90	0.251	0.283	3
5	0.4	55	351	400	4	42	0.240	0.577	0.667	1.604	0.836	1.882	1.850	2.196	127.62	138.90	0.252	0.284	3
6	0.5	55	401	450	5	40	0.240	0.533	0.700	1.553	0.878	1.822	1.827	2.122	127.61	138.85	0.252	0.285	3
7	0.5	55	451	500	6	43	0.240	0.558	0.646	1.503	0.811	1.763	1.833	2.030	127.61	138.83	0.251	0.284	3
8	0.5	55	501	550	6	48	0.240	0.616	0.578	1.484	0.725	1.741	1.883	2.114	127.63	138.87	0.252	0.283	3
9	0.6	55	551	600	6	47	0.240	0.598	0.588	1.464	0.737	1.717	1.921	2.183	127.64	138.90	0.253	0.284	3
10	0.6	55	601	650	7	51	0.240	0.621	0.548	1.419	0.688	1.664	1.882	2.180	127.62	138.90	0.253	0.283	3
11	0.8	55	651	700	8	45	0.240	0.535	0.617	1.375	0.774	1.613	1.850	2.176	127.60	139.89	0.253	0.284	3

第二节 高速铁路调整参考表

高铁调整参考表按线路或者标段分别出具。调整表类型分为区间和站内两大类型，其中区间调整表中又分为：通用调整参考表和特殊区段调整参考表；站内分为：站内股道及无岔区段通用调整参考表和站内道岔区段调整参考表。

所有调整参考表中均包含三个主要部分：一是编制依据，说明了该表数据的来源和版本执行情况；二是计算条件，给出了该表计算的主要参数情况；三是使用要求，规定了该表适应范围、使用规范等要求，如图6-1所示。

一、编制依据

本调整表依据2017年7月现场提供的统计数据编制，原V0.0.1/V0.0.2版本作废。

二、计算条件

1. 分路电阻：有砟0.1 Ω，无砟0.25 Ω。

2. 钢轨参数：见各类型线路调整参数表。

3. 调谐区长度：路基（隧道）29 m，有砟混凝土桥梁30 m。

三、使用要求

本调整表尾电缆超出标准长度及线路混合区段出具的专用调整表，以区段为对象分别计算出具。使用前，应该对调整表计算区段基本信息与现场实际情况相符，如不符，请及时反馈。

调谐区禁止设置在混合区段内。

本调整表不适用于三、四线并行区段。

本调试版调整表仅适用于现场调试适用。

图6-1 调整表使用要求样式

1. 区间通用区段

整个轨道电路区段线路类型单一，没有路基和桥梁、无砟和有砟等混合情况，也没有电缆或区段长度超过规定值的情况，即为通用区段。其特点是不明确区段名称，按长度和频率给出，见表6-2。

表6-2　区间通用区段轨道电路调整表(样表)

序号	C (μF)	轨道长度 L_v(m)		电容数量 N_c	接收电平级 K_{rv}	接收端各点电压						发送端点各点电压电流						功出电平
						主轨出 V_{R1R2}(V)		轨入 V_{V1V2}(V)		轨面(V)		轨面(V)		功出电压(V)		功出电流(V)		
		min	max			min	max	min	max	min	max	min	max	min	max	min	max	Kem
1	25	301	350	5	20	0.240	0.369	1.428	2.143	1.481	2.117	2.499	3.069	144.33	157.21	0.311	0.358	2
2	25	351	400	6	20	0.240	0.364	1.394	2.112	1.445	2.066	2.287	2.826	144.24	157.09	0.309	0.357	2
3	25	401	450	7	21	0.240	0.373	1.330	2.060	1.378	2.035	2.248	2.707	144.30	157.11	0.304	0.352	2
4	25	451	500	8	23	0.240	0.394	1.251	1.986	1.297	1.962	2.362	2.786	144.41	157.25	0.300	0.347	2
5	25	501	550	9	24	0.240	0.394	1.178	1.904	1.221	1.881	2.505	2.968	144.51	157.39	0.300	0.344	2
6	25	551	600	9	25	0.240	0.398	1.122	1.846	1.163	1.824	2.599	3.120	144.56	157.49	0.300	0.344	2
7	25	601	650	10	26	0.240	0.399	1.074	1.778	1.113	1.757	2.641	3.223	144.54	157.49	0.303	0.348	2
8	25	651	700	11	27	0.240	0.400	1.033	1.732	1.077	1.711	2.502	3.192	144.47	157.39	0.306	0.353	2
9	25	701	750	12	28	0.240	0.410	1.010	1.699	1.047	1.679	2.485	3.055	144.38	157.25	0.308	0.356	2
10	25	751	800	13	29	0.240	0.417	0.976	1.667	1.012	1.646	2.383	2.896	144.38	157.17	0.307	0.355	2
11	25	801	850	14	30	0.240	0.420	0.934	1.623	0.968	1.604	2.349	2.819	144.34	157.18	0.305	0.352	2
12	25	851	900	14	32	0.240	0.439	0.897	1.592	0.930	1.572	2.385	2.853	144.38	157.24	0.304	0.350	2

选用时根据线路情况分为：

①有砟路基通用调整参考表；

②无砟路基通用调整参考表；

③无砟桥梁通用调整参考表；

④有砟T梁桥通用调整参考表；

⑤有砟箱梁桥通用调整参考表。

2. 区间特殊区段

一个轨道电路区段中有如下几种情况，可视为特殊区段：

①既有路基也有桥梁；

②既有无砟也有有砟；

③有砟区段长度超过1 400 m、无砟超过1 000 m，其他特殊区段长度设计要求；

④有砟线路，电缆超过12.5 km、无砟线路电缆超过10 km。

特殊区段按照站别和区段名称一一对应给出，使用前需确认“区段信息表”中信息与现场实际情况一致，最后根据电缆长度和区段名称查询，见表6-3。

表6-3　区间特殊区段调整表（样表）

序号	车站名	区段名称	载频	区段长度（m）	线路类型分布（按正向填写，正向接收端→正向发送端）												发送电缆长度（km）	接收电缆长度（km）
					类型1		类型2		类型3		类型4		类型5		类型6			
1	中继站3	2487AG	2300	740	有砟T梁桥	470	有砟路基	270	0	0	0	0	0	0	0	0	5.605	6.392
2	中继站3	2501BG	1700	747	有砟路基	308	有砟T梁桥	439	0	0	0	0	0	0	0	0	4.813	5.605
3	中继站3	2531BG	1700	710	有砟T梁桥	518	有砟路基	125	有砟T梁桥	67	0	0	0	0	0	0	1.628	2.393
4	中继站3	2531AG	2300	681	有砟T梁桥	208	有砟路基	473	0	0	0	0	0	0	0	0	0.914	1.628
5	中继站3	2545BG	1700	673	有砟路基	324	有砟T梁桥	209	有砟路基	140	0	0	0	0	0	0	0.216	0.914
6	中继站3	2573BG	1700	666	有砟路基	336	有砟T梁桥	330	0	0	0	0	0	0	0	0	2.835	2.130
7	中继站3	2573AG	2300	662	有砟T梁桥	134	有砟路基	528	0	0	0	0	0	0	0	0	3.527	2.835
8	中继站3	2601BG	1700	750	有砟路基	281	有砟T梁桥	469	0	0	0	0	0	0	0	0	5.973	5.077
9	中继站3	2617CG	1700	653	有砟T梁桥	38	有砟路基	445	有砟T梁桥	170	0	0	0	0	0	0	4.361	6.674
10	中继站3	2617BG	2300	647	有砟T梁桥	105	有砟路基	148	有砟T梁桥	340	有砟路基	54	0	0	0	0	8.058	7.361
11	中继站3	2635BG	2300	750	有砟隧道	97	有砟路基	43	有砟隧道	236	有砟T梁桥	374	0	0	0	0	6.695	7.492
12	都昌站	2635AG	1700	746	有砟T梁桥	57	有砟路基	82	有砟T梁桥	607	0	0	0	0	0	0	5.090	6.695
13	都昌站	2651BG	2300	800	有砟T梁桥	580	有砟路基	20	有砟隧道	200	0	0	0	0	0	0	5.035	5.090
14	都昌站	2667BG	2300	745	有砟路基	388	有砟T梁桥	357	0	0	0	0	0	0	0	0	3.429	4.215
15	都昌站	2667AG	1700	745	有砟T梁桥	539	有砟路基	160	有砟T梁桥	45	0	0	0	0	0	0	2.630	3.426
16	都昌站	2681BG	2300	691	有砟T梁桥	327	有砟路基	364	0	0	0	0	0	0	0	0	1.901	2.630
17	都昌站	2725AG	2300	679	有砟路基	410	有砟T梁桥	111	有砟路基	158	0	0	0	0	0	0	3.411	2.702
18	都昌站	2737AG	2300	637	有砟路基	556	有砟T梁桥	81	0	0	0	0	0	0	0	0	1.756	4.097
19	都昌站	2751BG	1700	668	有砟T梁桥	30	有砟路基	628	0	0	0	0	0	0	0	0	5.446	4.756
20	都昌站	2765G	1700	1200	有砟路基	636	有砟T梁桥	405	有砟路基	159	0	0	0	0	0	0	7.372	6.120

3. 站内股道及无岔区段

该表按车站名称出具，按照频率和轨道长度查询，见表6-4。

表6-4　站内股道及无岔区段调整表（样表）

序号	C (μF)	轨道长度 L_v(m)		电容数量 N_c	接收电平级 K_{rv}	接收端各点电压						发送端点各点电压电流						功出电平
						主轨出 V_{R1R2}(V)		轨入 V_{R1R2}(V)		轨面(V)		轨面(V)		功出电压(V)		功出电流(A)		
		min	max			min	max	min	max	min	max	min	max	min	max	min	max	K_{em}
1	—	50	100	0	24	0.240	0.327	1.209	1.578	1.100	1.371	1.457	1.561	37.00	40.79	0.074	0.081	9
2	—	101	150	0	26	0.240	0.329	1.097	1.466	0.998	1.273	1,565	1.713	37.02	40.81	0.074	0.079	9
3	—	151	200	0	29	0.240	0.338	0.990	1.352	0.900	1.174	1.662	1.863	37.03	40.83	0.075	0.080	9
4	—	201	150	0	27	0.240	0.344	1.060	1.479	0.964	1.285	2.073	2.380	44.07	48.68	0.090	0.097	8
5	—	251	300	0	30	0.240	0.351	0.955	1.359	0.868	1.180	2.148	2.516	44.08	48.70	0.092	0.099	8
6	25	301	350	4	27	0.240	0.345	1.055	1.480	0.959	1.285	1.153	1.185	36.95	40.72	0.078	0.085	9
7	25	351	400	4	28	0.240	0.356	1.017	1.474	0.925	1.280	1.206	1.258	36.96	40.73	0.079	0.085	9
8	25	401	150	5	29	0.240	0.357	0.973	1.427	0.885	1.239	1.234	1.340	36.96	40.75	0.079	0.084	9
9	25	451	500	5	30	0.240	0.366	0.936	1.417	0.851	1.231	1.264	1.401	36.96	40.75	0.079	0.085	9
10	25	501	550	6	32	0.240	0.383	0.898	1.390	0.817	1.207	1.270	1.491	36.96	40.76	0.081	0.088	9
11	25	551	600	6	33	0.240	0.392	0.863	1.377	0.785	1.196	1.285	1.524	36.96	40.76	0.081	0.090	9
12	25	601	650	7	34	0.240	0.397	0.827	1.355	0.752	1.177	1.243	1.490	36.95	40.75	0.081	0.092	9

4. 站内道岔区段

使用前需确认“道岔位置表”中信息与现场实际情况一致，最后根据区段名称查询，见表6-5、表6-6。

表6-5　道岔位置表（样表）

区段名称	频率	C(μF)	电容数量 N_c	轨道长	岔数	岔尖1距受	岔尾1距受	岔1长	岔尖2距受	岔尾2距受	岔2长	1扼流	2扼流
3DG1	2 300	25	3	305	1	195	305	110	0	0	0	0	0
						110	0	110	0	0	0	0	0
1DG	2 300	25	6	535	1	475	327	148	0	0	0	0	0
						60	208	148	0	0	0	0	0

表 6-6　道岔区段调整参考表（样表）

区段名称	频率(Hz)	方向	接收电平级 K_{rv}	接收端各点电压						发送端点各点电压/电流						功出电平
				主轨出 V_{R1R2}（V）		轨入 V_{R1R2}（V）		轨面（V）		轨面（V）		功出电压（V）		功出电流（V）		
				min	max	min	max	min	max	min	max	min	max	min	max	K_{em}
3DG1	2 300	正	14	0.240	0.387	2.122	3.203	1.525	2.114	1.557	1.812	54.97	60.47	0.128	0.162	7
		反	14	0.240	0.383	2.104	3.176	1.512	2.096	1.985	2.216	55.04	60.58	0.137	0.169	7
1DG	2 300	正	14	0.240	0.431	2.100	3.572	1.510	2.357	1.986	2.123	74.27	81.19	0.171	0.210	5
		反	14	0.240	0.430	2.097	3.565	1.507	2.352	2.085	2.418	74.19	81.09	0.178	0.222	5